广西第二期中职名师培养工程学员专著系列
丛书总主编：王 睎　张兴华

厚德精技　知行合一
——县级职教中心教师专业发展之路

莫炎坚　李小卓　麦秀芬　著

北京理工大学出版社
BEIJING INSTITUTE OF TECHNOLOGY PRESS

版权专有　侵权必究

图书在版编目（CIP）数据

厚德精技 知行合一：县级职教中心教师专业发展之路 / 莫炎坚，李小卓，麦秀芬著. —北京：北京理工大学出版社，2020.9
　ISBN 978 - 7 - 5682 - 9123 - 1

Ⅰ. ①厚⋯　Ⅱ. ①莫⋯　②李⋯　③麦⋯　Ⅲ. ①师资培养 - 研究　Ⅳ. ①G451.2

中国版本图书馆 CIP 数据核字（2020）第 189965 号

出版发行 /	北京理工大学出版社有限责任公司
社　　址 /	北京市海淀区中关村南大街 5 号
邮　　编 /	100081
电　　话 /	（010）68914775（总编室）
	（010）82562903（教材售后服务热线）
	（010）68948351（其他图书服务热线）
网　　址 /	http://www.bitpress.com.cn
经　　销 /	全国各地新华书店
印　　刷 /	保定市中画美凯印刷有限公司
开　　本 /	710 毫米 × 1000 毫米　1/16
印　　张 /	13
字　　数 /	173 千字
版　　次 /	2020 年 9 月第 1 版　2020 年 9 月第 1 次印刷
定　　价 /	62.00 元

责任编辑 / 刘　派
文案编辑 / 李丁一
责任校对 / 周瑞红
责任印制 / 李志强

图书出现印装质量问题，请拨打售后服务热线，本社负责调换

总 序

2008年,广西全面启动了首轮3年职业教育攻坚战;2011年,广西又进行了为期5年的深化职业教育攻坚。2009年,广西壮族自治区人民政府与教育部签订了《国家民族地区职业教育综合改革试验区共建协议》;2013年再次与教育部签署了深化共建试验区的协议。两轮职业教育攻坚、两次部区共建职业教育试验区,推动广西职业教育发展步入快车道。随着国家《中国制造2025》《现代职业教育体系建设规划(2014—2020年)》《高技能人才队伍建设中长期规划(2010—2020年)》的实施、"互联网+"新业态发展与"一带一路"合作倡议的提出,特别是近年来《国家职业教育改革实施方案》《深化新时代职业教育"双师型"教师队伍建设改革实施方案》等一系列加快职业教育技术技能型人才培养、深化职业教育与高素质"双师型"教师队伍发展的战略举措出台实施,为广西职业教育的发展带来了新机遇、新挑战,也提出了新目标、新要求。

"兴教之道在于师"。加快发展现代职业教育,提升技术技能人才培养能力,教师队伍建设是关键。广西壮族自治区教育厅从2010年开始实施广西中等职业学校名师培养工程,为广西中职名师的脱颖而出铺路架桥,着力打造一支高素质、高层次、专家型的广西中职名师队伍,提高广西中职教师队伍整体建设水平,促进完善德技并修、工学结合育人机制,推动广西中等职业教育质量提升和现代化发展,为促进广西经济社会发展提供优质技术技能人才资源支撑。在广西第一期中等职业学校名师培养工程(2010—2015年)取得良好成效的基础上,广西师范大学作为承办单位,在广西第二期中等职业学校名师培养工程(2016—2019年)实施过程中,进一步探索中职教师专业发展规律,采取"多元开放、理实交融、项目驱动、道技相长"四位一体的培养模式和"结构化与个性化结合、技能性与学理性并重、导师制与自驱动共融"的培训策略，将阶段性集中培训、岗位自主研修和全过程跟踪指导有机结合，实现对中职名师培养对象的多维度、系统化培养。

教师的发展与提高，一靠内生动力，二靠资源条件。教师专业化培训是帮助教师学习、提高教育教学技能与实践创新能力的重要途径。广西中等职业学校名师培养工程为有发展潜质和强烈进取精神的优秀中职教师搭建一个视野宽广、资源丰富的学习和锻炼的高层次平台，创造一个中职优秀教师集聚的学习型组织、一个共同发展的精神家园。中职名师并非可以通过培养工程项目结业一蹴而就，因为中职名师需要实践的锤炼和时光的磨砺，需要更多实绩的证明和社会的认同。如果被培养者有强烈的自主发展意识，有主动学习的动力，珍惜培养机会，挖掘自身潜能，认真向导师、同伴学习，在教育教学实践中不断超越自我、追求卓越，那么善教学、会研究、有创新，获得学生欢迎、行业认可的中职名师就一定会层出不穷。

令人欣喜的是，广西第二期中等职业学校名师培养工程的学员们在3年培养期里取得了突出成绩，涌现出国家"万人计划"教学名师、全国优秀教师、广西教学名师、特级教师等新一代中职教育领军人物，在广西中职教师群体中发挥了示范引领作用，成为广西职业教育发展的中坚力量。广西中等职业学校名师培养工程已经成为广西中职师资培训的特色品牌，被誉为"着眼和服务广西职业教育未来发展的教师教育工程"，在广西中职教师队伍建设工作中具有里程碑的意义。

着眼于进一步发挥中职名师培养对象的社会贡献，辐射培训基地师资培养经验，"广西第二期中职名师培养工程成果书系"得以编纂出版，使广西广大中职教育同仁能够共享这一优秀师资培训工程的资源与成果。在这套成果书系中，生动地呈现了善学习、会思考、充满责任感和使命感的培养对象、专家导师等个体形象，以及由他们共同组成的优秀教师群体和专业化培训团队的形象。学海无涯，总结提炼其求索成长路上的进取与感悟、心得与智慧，对广西中等职业学校名师培养工程具有一定的借鉴意义。

中职教师队伍的建设，任重道远；中职教师教育的创新，前路漫漫。诚愿广西中等职业学校名师培养工程系列成果能在关心广西中职教育的教育工作者和业界朋友中引起共鸣，进一步激活广西中职教育发展的蓬勃力量和无穷智慧，为广西职业教育改革发展提供人才保障和智力支持做出更多贡献。

是以为序，与广大中职教育同仁共励共勉。

本书编委会

前言

百年大计，教育为本；教育之计，教师为本。

促进教师专业发展是县级职业教育中心突破瓶颈、提升内涵、实现可持续发展的有力保证。本书所述县级职业教育中心教师专业发展等相关内容，是在我国经济体制深化改革、产业结构转型升级、实施乡村振兴战略、加快发展现代职业教育建设的时代大背景下提出来的。

本书的主要内容是在教师专业发展内涵等相关研究理论的基础上，对《中等职业学校教师专业标准》进行解读，并通过对县级职业教育中心教师专业发展背景的综述，结合县级职业教育中心这一特定领域教师群体的实际情况，提出了县级职业教育中心发展对教师专业发展的要求。从影响教师专业发展的各方面因素出发，对县级职业教育中心教师专业发展的现状及原因进行剖析，并通过借鉴国外教师专业发展的先进经验，结合笔者所在县级职业教育中心探索实践的典型案例，找到一条县级职业教育中心教师专业发展之路。

本书对加快我区职业教育发展，推进县级中专综合改革，解决目前县级职业教育中心教师队伍建设难题具有一定的理论价值和实践指导意义。

本书三位作者前期共同参与了书稿编写的策划、全书框架结构的讨论与审定及第九章典型案例的收集整理等工作。全书共9章21节，具体的撰写分工如下：第一作者莫炎坚，主要负责第三至第六章的撰写和全书的汇总、整理、审核以及成稿的报送等工作；第二作者李小卓，主要负责第一、第七章的撰写工作；第三作者麦秀芬，主要负责

第二、第八章的撰写工作。

  本书写作期间,得到了广西师范大学职业技术师范学院领导和老师们的大力支持,撰写工作得到导师谭静教授的全程指导,在此一并致谢。

笔 者
2019 年 10 月 28 日

目 录

第一部分 理论探索

第一章 教师专业发展内涵 …… 003
第一节 相关概念的含义 …… 003
一、专业与职业 …… 003
二、教师专业化与教师专业发展 …… 006
第二节 教师专业发展研究现状综述 …… 008
一、教师专业发展的缘起 …… 008
二、教师专业标准的研究 …… 009
三、教师专业发展的影响因素研究 …… 010
四、教师专业发展的策略与途径研究 …… 011
五、教师专业发展阶段的研究 …… 013
六、我国职业教育教师专业发展研究 …… 016

第二章 教师专业发展的基本内容 …… 022
第一节 专业理念与师德 …… 023
一、职业理解与认识 …… 023
二、对学生的态度与行为 …… 026
三、教育教学态度与行为 …… 027
四、个人修养与行为 …… 028
第二节 专业知识 …… 030
一、教育知识 …… 030
二、职业背景知识 …… 031
三、课程教学知识 …… 031
四、通识性知识 …… 032
第三节 专业能力 …… 034

一、教学设计能力 …………………………………… 034
　　二、教学实施能力 …………………………………… 035
　　三、实训实习组织能力 ……………………………… 037
　　四、班级管理与教育活动能力 ……………………… 038
　　五、教育教学评价能力 ……………………………… 040
　　六、沟通与合作能力 ………………………………… 041
　　七、教学研究与专业发展能力 ……………………… 043
第三章　县级职业教育中心教师专业发展的影响因素 …… 045
　第一节　影响教师专业发展的外部因素 …………………… 045
　　一、教育政策 ………………………………………… 045
　　二、学校的物质条件 ………………………………… 046
　　三、学校管理文化 …………………………………… 046
　　四、团队环境 ………………………………………… 046
　第二节　影响教师专业发展的内部因素 …………………… 047
　　一、自身的发展动机 ………………………………… 047
　　二、自身的认知能力 ………………………………… 047
　　三、自身的实践（专业）能力 ……………………… 048

第二部分　现状与发展思路

第四章　县级职业教育中心教师专业发展的背景 ………… 051
　第一节　县级职业教育中心概况 …………………………… 051
　　一、县级职业教育中心的产生与发展 ……………… 051
　　二、县级职业教育中心的定位与职能 ……………… 057
　第二节　县级职业教育中心发展的瓶颈问题 ……………… 063
　　一、发展不平衡 ……………………………………… 064
　　二、资源整而不合 …………………………………… 064
　　三、办学经费不足 …………………………………… 064
　　四、招生难问题还得不到根本性的解决 …………… 065
　　五、只重规模不重内涵 ……………………………… 065

六、教师队伍建设跟不上发展需要……………………066
　　　七、办学质量不能满足市场需求……………………066
　第三节　县级职业教育中心的发展思路…………………067
　　　一、县级职业教育中心发展瓶颈的"杠杆解"……067
　　　二、依法治教，加强统筹……………………………071
　　　三、明确方向，完善职能……………………………073
　　　四、建设队伍，精细管理……………………………074

第五章　县级职业教育中心教师专业发展现状分析………076
　第一节　发展现状…………………………………………076
　　　一、教师数量…………………………………………077
　　　二、师资队伍结构……………………………………079
　　　三、教师来源…………………………………………085
　　　四、教师专业标准……………………………………086
　第二节　原因分析…………………………………………090
　　　一、县级职业教育中心教师专业发展存在
　　　　　的历史问题………………………………………090
　　　二、县级职业教育中心教师专业发展共性
　　　　　原因分析…………………………………………092
　　　三、教师个体原因……………………………………094
　第三节　县级职业教育中心教师专业发展思路…………100
　　　一、学校与教师………………………………………100
　　　二、"引、本、牵、联"……………………………102

第三部分　他山之石

第六章　国外职业教育教师专业发展经验借鉴……………111
　第一节　美国职业教育教师专业发展……………………111
　　　一、美国职业教育教师入职资格……………………111
　　　二、美国职业教育教师的在职培训…………………112
　第二节　新加坡职业教育教师专业发展…………………114

一、入职、职前及在职培训 …………………………… 115
　　二、教师专业发展模式 …………………………………… 116
　第三节　德国职业教育教师专业发展 …………………………… 119
　　一、严格的入职资格 …………………………………… 119
　　二、教师依法参加培训进修 …………………………… 121
　　三、重视校长专业化建设 ……………………………… 122
　　四、紧扣"双元制"培养模式 ………………………… 122
　第四节　国外教师专业发展经验的启示 ………………………… 124
　　一、切实提高教师的待遇和社会地位 ………………… 125
　　二、严格教师入职资格和灵活变通的教师
　　　　招聘制度 ……………………………………………… 126
　　三、对教师的实践性要求高，注重"双师型"
　　　　教师发展 ……………………………………………… 127
　　四、制定教师专业发展的管理规定，依法培训 …… 127
　　五、多元管理，合力推进教师专业发展 ……………… 128
　　六、针对性强的专业发展培训 ………………………… 129
　　七、能胜任两门以上的课程 …………………………… 129
　　八、教师专业发展的经费有保障 ……………………… 130

第四部分　发展途径与保障

第七章　县级职业教育中心教师专业发展途径 ………………… 135
　第一节　共性发展 ………………………………………………… 135
　　一、团队意识 …………………………………………… 135
　　二、现代职业教育理念的培养 ………………………… 140
　　三、师德师风 …………………………………………… 144
　第二节　个性提升 ………………………………………………… 146
　　一、文化基础课教师 …………………………………… 146
　　二、专业课教师 ………………………………………… 149
　　三、实习指导教师 ……………………………………… 153

第八章 教师专业发展保障措施 ················· 156
  一、组织保障 ································ 156
  二、制度保障 ································ 157
  三、个人保障 ································ 158
  四、经费保障 ································ 159

第九章 典型案例 ································ 161
 第一节 学校案例 ································ 161
  一、明确宗旨，设立目标 ···················· 162
  二、确立名称，寄托归属 ···················· 165
  三、合理分类，明确身份 ···················· 165
  四、设置指标，明确任务 ···················· 166
  五、落实机制，保障实施 ···················· 166
 第二节 个人案例 ································ 166
  华丽转身——我的专业成长之路 李有军 ········· 166
  先进企业，再上讲台 韦妙凤 ················ 174
  不畏艰难，做职业教育专业转岗的排头兵——记来宾职业教育中心学校成功转岗黄金越老师 ········· 178

附录一 全国县级职业教育中心联盟章程 ·············· 181
附录二 中等职业学校教师专业标准（试行） ············ 185
主要参考文献 ································ 189

第一部分

理论探索

提高教育质量的关键在教师。加快发展现代职业教育，质量就是生命，职业教育教师就是职业教育质量的保证者。职业教育教师的专业发展是推进改革、促进发展的前提和基础。

县级职业教育中心是20世纪90年代初期在我国河北首创的新型职业教育办学模式，是我国职业教育体系中的一个重要类型。县级职业教育中心的改革与发展肩负着国家乡村振兴战略人才培养的重任，而县级职业教育中心在走过了职业教育攻坚阶段之后，教师成了县级职业教育中心从规模发展走向内涵提升的关键因素；教师的问题成了县级职业教育中心可持续发展的瓶颈；教师的专业发展，成了县级职业教育中心发展过程中最难突破、最难改造的部分。

这一部分主要探讨了教师专业发展的相关概念，阐述了教师专业发展的基本理论，并对教师专业发展的标准与内涵进行了详细的解读。

第一章 教师专业发展内涵

教师的专业发展是促进教育教学改革，提高教师教育教学能力的关键，是实施科教兴国战略的现实需要。新时代职业教育对教师赋予了新的使命与职责，作为一名职业教育工作者，我们要以全新的教育视野去审视教师专业发展，顺应新时代职业教育发展的要求。学校的快速发展与教师专业发展息息相关，尤其对于中等职业教育的县级职业教育中心来说，促进教师专业发展，提高人才培养质量，是办好一所县级职业教育中心学校的关键所在。

第一节 相关概念的含义

教师专业发展的核心关键词是"专业"，如何在新时代背景下结合县级职业教育中心的实际情况，探索出一条适合县级职业教育中心教师专业发展的有效之路？我们首先得从"专业"入手，厘清专业的概念和内涵，进而通过分析和实践，找出适合县级职业教育中心教师专业发展的有效途径。

一、专业与职业

专业和职业，这是两个容易混淆的概念，专业并不等于职业。比如，有的人学习的是机电一体化专业，在工作中从事维修电工这个职业。当专业和职业两个概念混淆时，会给教师专业发展的方向带来误区。

"专业"一词来源于早期的拉丁语中"公开表达自己的观点和信仰"的含义，包含着中世纪手工行业会对其专门知识和技能的控制（只能传给本门派的人）。卡尔·桑德斯是较早研究"专业"的社会学家，他给"专业"下的定义是："所谓专业是指一群人在从事一种需要专门技术的职业，专业是一种需要特殊智力来培养和完成的职业，其目的在于提供专门性的服务。"他认为最古老经典的专业是牧师、医生和律师，后续的工程师、机械师、建筑师、经理人等，都是工业革命和现代社会造就的新专业。

《现代汉语词典》对"专业"作了三个方面的界定：一是高等学校的一个系或中等职业学校，根据生产部门的分工而分成的门类；二是产业部门中根据产品生产的不同过程而分成的各业务部分；三是专门从事某种工作或职业的产业部门。简单地说，专业是一种专门的职业，从事某一类职业的人员必须经过专门的培训，以获得专门的知识、技能和职业道德。

对于"专业"一词，国内学者钟启泉认为，专业就是指专业性职业，是以高度专业化的、复杂深奥的知识技能为基础，为社会提供卓有成效的高质量服务。周川认为，专业可从广义、狭义和特指三个方面来理解，广义的专业指某种职业不同于其他职业的特定劳动特点；狭义的专业是指比较复杂、具有专业化程度的脑力劳动，并经过专业教育和训练才能获得的某些特定的社会职业；特指的专业是指高等教育学意义上的专业。

《现代汉语词典》对"职业"的解释为"个人在社会中所从事的作为主要生活来源的工作"。在《国家职业大典》里，将职业划分成八大类，并规定了职业的五个要素：职业名称，工作对象、内容、劳动方式和场所，特定的职业资格和能力，职业所提供和各种报酬，在工作中建立的各种关系。职业是人们为了谋生和发展而从事的具有专门类别的、有稳定收入和相对稳定的社会劳动。

专业的标准以及专业与职业之间的差异随着研究的深入而逐渐明晰，布兰德斯（Brandeis）的专业标准评判为："专业是一个正式的职业，为了从事这一职业，必要的岗前培训以智能为特质，包括知识和某些扩充的学问，它们不同于纯粹的技能。专业主要从事于为他人服务，而不是从业者单纯的谋生工具。"这就是布兰德斯的"专业三大属性"，即全日制的正式职业，以深奥的知识、才能和技术为基础，为公众和社会提供无私的服务。1948年美国全国教育协会提出了八项指标，认为一门职业要被称为"专业"必须满足八项指标，详见表1.1。

表1.1 专业的八项指标

序号	指标
1	含有高度的心智活动
2	拥有专门化的知识技能体系
3	需要较长时间的专门职业训练
4	需要持续的在职进修
5	视工作为终身从事的事业
6	建立自身的专业标准
7	置服务于个人利益之上
8	拥有强大的、严密的专业团体

第二次世界大战后，许多学者力图找出"专业"与"职业"之间的差异。李普曼（M. Liberman）、伍德（G. Wood）等在这方面做过比较深入的研究，提出了比较重要的标准。通过分析国内外学者提出的标准，"专业"与"职业"二者之间的区别在于以下几点。

（1）专业区别于一般职业在于它们非同寻常的深奥知识和复杂技能。

（2）专业需要接受长时间的专业化训练，一般以是否接受过高等专门教育为标志，而职业主要是通过个人体验与个人的经验总结。

（3）专业与职业相比，要更多地提供一种独特、明确、必要的社会服务与奉献,而普通职业的从业人员仅仅把工作当作是一种谋生的手段。

(4) 职业更多地体现为工匠式的特点,一旦掌握,即可不断重复,无须创新;而专业的重要特点就在于需要不断地面对变化,需要不断进修,并做出创新。

二、教师专业化与教师专业发展

教师专业化是指教师职业的专业化,是教师通过专业训练和终身学习,在教育专业知识和技能方面得以提升,从而逐步提高自身从教素质,成为一个专业的教育工作者,即从一个"普通教师"蜕变成"专业教师"。

教师专业化是一个发展的概念,一个不断深化的过程。从广义上来说,教师专业化与教师专业发展都是指加强教师专业性的过程,教师专业发展与教师专业化这两个概念是相通的,都是指加强教师专业性的过程。但从狭义上来说,教师专业发展主要指教师个体的、内在的专业素质提高,而教师专业化更多的是强调教师群体的专业提升。

相对于教师专业发展,从汉语的构词方式的角度来看,存在两种不同理解:一是"教师专业的发展";二是"教师的专业发展"。"教师专业的发展"更加倾向于教师发展的历史过程和所从事职业发展的过程,与教师教育的概念相似。"教师的专业发展"则被理解偏向于教师,重点是指教师由非专业人员逐渐成为专业人员。

国外对教师专业发展也有众多理解:第一类是教师的专业成长过程,比如霍伊尔(Hoyle, E.)、佩里(Perry, P.)、富勒(Fuller)和哈格里夫斯(Hargreaves)、利伯曼(M. Lieberman);第二类是促进教师专业成长的过程,比如利特尔(Little, J. W.)、斯帕克斯(Sparks)和赫什(Hirsh);第三类是兼顾以上两种过程,比如威迪恩(Widen, M.)。哈格里夫斯就认为,教师专业发展不仅包括知识、技能等技术性维度,还包括道德、政治和情感等维度。富勒指出,教师专业发展可以从知识与技能的发展、自我理解和生态改变三个方面来理解。

国内学者黄甫全认为，教师专业发展是教师终身学习的过程，也是教师不断解决问题的过程，是教师的职业理想、职业道德、职业情感、社会责任感等不断提升、成熟、创新的过程。唐玉光理解的教师专业发展为：通过扩大教学专业知识基础，以此来提高教学的专业地位的过程。也有学者认为，教师专业发展是包括了职前培育阶段、在职进修的整个过程，其间教师必须持续地学习与培训，不断发展，逐渐走向专业成熟的境界。从个体角度，有学者将教师专业发展定义为：通过系统的努力来改变教师自身的专业实践、信念，以及对学校教育和学生的理解，强调教师个体知识、技能获得以及教师生命质量的成长。著名学者陈向明认为，有效的教师专业发展应该基于教师有效的专业学习，这种学习应该是教师自我导向的、持续发生的、与教师的日常工作密切相关，并由此提出了"教师专业发展"走向"教师专业学习"的看法。朱玉东则认为，教师专业发展是教师在专业素质方面不断成长并追求成熟的过程，是教师专业信念、专业知识、专业能力、专业情意等不断更新、演进和完善的过程，教师专业发展伴随教师一生。

综合上述国内外学者们对于教师专业发展的不同理解，从本质上说，教师专业发展是教师个体专业不断发展的历程，是教师不断接受新知识、增长专业能力的历程。教师要成为一个成熟的专业人员，需要通过不断的学习与探究来拓展其专业内涵，提高专业水平，从而达到专业成就的境界。

我们可以总结出以下几点。

（1）教师是从事教育教学工作的专业人员，需具备良好的专业特性。

（2）教师专业发展坚持以教师为本，教师既是教育者，又是学习者。

（3）教师是发展中的人，教师是在持续发展中实现专业人员角色转变，应注重教师教育教学的一体化。

因此，对"教师专业发展"的解读，更多是指作为一名教育者的终身学习与发展的过程，主张教师自主发展和学习意识，包括职前与职后两个阶段，教师在这个过程中逐渐由不成熟走向成熟。

第二节　教师专业发展研究现状综述

一、教师专业发展的缘起

进入 20 世纪 80 年代以后，世界各个国家的教育改革进入了一个新的时代。1983 年，美国发表了《国家在危险中：教育改革势在必行》；1988 年，英国颁布《教育改革法》；日本确定 21 世纪教育改革方向；法国、德国、俄罗斯、澳大利亚等国也都先后进入了教育改革的高潮。在此过程中，各国学者和政府都清晰地认识到，教育改革的成功与否取决于教师，教育质量的高低取决于教师。美国著名学者琳达·达琳-哈蒙德（Linda Darling - Harmond）指出："对学生的成就来说，教师质量这个变量远比其他变量重要得多。"澳大利亚联邦政府出台的《为 21 世纪准备教师》则提出："高质量的教育取决于高质量的教师"，于是"促进教师专业发展"成为教育工作者、各国学者和政府以及国际社会共同的呼声。

1986 年美国"卡内基基金会教育与经济论坛"最早提出了"教师专业发展"问题。同年，美国另一个著名的教育基金会霍尔姆斯集团（Holmes Group）的教师工作组发表了《明日的教师》，继而在 1990 年和 1995 年分别发表了《明日的学校》和《明日的教育学院》，共三份研究报告。报告中强烈呼吁促进教师专业发展，并提出了多个教师专业发展的建议，其中著名的两条：一是强调"教师教育不是一个简单的、一次性受时间约束的训练活动，而是一个终身的、持续发展的过程"；二是提出建立"教师专业发展学校"的建议。

至此，人们研究的主题和重心已经从"教育是不是一个专业"转向"如何促进教师的专业发展"。之后经过十几年的探索研究，欧美国家已经出现了一批值得重视、可资借鉴的教师专业发展策略，如：教育日志（education journal keeping）、成长史分析（analysis of personal history）、行动研究（action research）、传记研究（autobiography study）、故事与叙事（storytelling and narrative study）、课堂观察（classroom observation）、分享文化（culture of sharing）、教师专业发展分层评估（multi-level professional development evaluation），等等。

二、教师专业标准的研究

（一）国外教师专业标准的研究

2010年，澳大利亚联邦政府正式公布了新的《全国教师专业标准》，该标准以促成高质量的教学、为教师质量提供全国性基准、提升教师的职业期望和专业成就、促进统一的教师认证和建立注册体系为基本理念，将教师的专业发展分为毕业教师、熟练教师、娴熟教师和主导教师四个阶段。四个阶段紧紧围绕专业知识、专业实践和专业发展要素，最终形成七大标准。该标准明确了对教师职业各等级教师的知识、技能和性格要求，为澳大利亚中小学教师的职业晋升提供了一个全国统一的框架。

2000年，美国教师教育认定委员会颁布了《美国国家专业教学标准》，它针对不同的教师制定了30套专业教学标准。虽然这些专业教学标准各不相同，但都以《教师应当做到的和能够做到的》给成功教师提出的五条核心建议为依据，它充分考虑了学生与教师发展的需要及专业教学实践的要求，为具体标准的制定提供了理念上的指引。

（二）国内教师专业标准的研究

2012年2月，教育部研究制定了《幼儿园教师专业标准（试行）》《小学教师专业标准（试行）》和《中学教师专业标准（试行）》。这三个标准是国家对幼儿园、小学和中学合格教师专业素质的基本要求，是教师实施教育教学行为的基本规范，是引领教师专业发展的基本准则，是教师培养、准入、培训、考核等工作的重要依据。

2013年9月，教育部研究制定了《中等职业学校教师专业标准（试行）》，对中等职业学校教师从基本理念、基本内容和实施要求三个方面作出了规定。它是国家对合格中等职业学校教师专业素质的基本要求,是中等职业学校教师开展教育教学活动的基本规范,是引领中等职业学校教师专业发展的基本准则,是中等职业学校教师培养、准入、培训、考核等工作的基本依据。

三、教师专业发展的影响因素研究

(一)国外的研究

国外学者对影响教师专业发展的因素有很多相关的研究,主要集中在教师专业发展的阶段研究方面。研究者们依据不同的标准对教师专业发展阶段进行分类,研究教师各个发展阶段的特征和需求。例如,费斯勒和休伯曼以生命的自然老化过程和周期来分类;利斯伍德则从心理结构改变的角度来对教师专业发展阶段进行划分;莱西的研究则把教师专业发展看成教师专业社会化的过程,从教师个人的需要、能力、态度与环境的相互作用来考察①。

费斯勒将教师专业职业生命周期分为八个阶段,同时也归纳出两大类的影响因素:一是个人环境因素,包括家庭因素、积极的关键事件、生活的危机、个人的性情、兴趣和爱好、生命阶段;二是组织环境因素,包括学校的规章制度、校长的管理风格、同事之间的相互信任、社会期望、专业组织和教师工会等因素。

格拉特霍恩认为影响教师专业发展的因素主要有两个方面:个人因素包括认知发展、生涯发展、动机发展、品德发展、人际关系和自我发展等;社会因素则有社会与社区、学校制度、学校、教学小组或院系、课堂促进教师发展的特殊介入活动因素等。

(二)国内的研究

近年来,国内对于教师专业发展影响因素的研究也一直呈现攀升趋势。台湾学者饶见维将影响教师专业发展的因素分为校内和校外两类。校内因素有学生、教师、教育目标与课程教材、教学资源、教学

---

① 刘朝忠. 教师队伍建设与专业发展 [M]. 北京:高等教育出版社,2017.

活动、辅导与班级活动、校长与学校行政、学校的组织文化与人际网络八个因素；校外因素包括教育行政机构、机关制度与政策、社区相关人员对教师角色印象与期望、相关人员对教育的基本观念、社会情境与文化等六个因素。刘洁则认为，影响教师专业发展的个人因素有家庭、专业化结构（教育信念、知识结构、能力素养、从业动机和态度、专业发展需要与意识）等，而社会或学校方面的因素则有社会地位及职业吸引力、教师管理制度、校长的引领、合作性教师文化的激励等。赵昌木和徐继存则认为，个人的因素有教师的认知能力、师德状况、人际交往、职业发展动机、自我评价；而社会因素有教育政策、学校管理、教师文化和学校氛围等。叶澜教授根据众多研究的视角和框架将其分为四大类：职业生命周期研究框架（生命周期标准）；认知发展研究框架（心理发展标准）；教师社会化框架（社会化标准）；"关注"研究框架（关注研究标准）。

教育部师范司组织编写的《教师专业化的理论与实践》认为，教师专业发展受着多种因素交互作用的影响。教师幼年学生时代的生活经历、主观经验、教师父母、人格特质等；师范教育阶段，学生不仅受正式课程的影响，更受潜在课程的影响；任教后的影响主要有学校环境、教师的社会地位、教师的生活环境、学生、教师的同辈团体等。

从上述国内外学者的研究来看，成果各不相同，但从中却能发现共同的结论，就是影响教师专业发展的因素有两大类：一是内部因素，二是外部因素。

四、教师专业发展的策略与途径研究

美国的国家专业教师标准委员会为促进职业学校教师专业发展，采用创新性的教师资格证考核办法，即教师需要通过专业领域内容的论文考试、现场教学视频、参与专业发展活动和社会实践等六部分的考试和考核，以此来推动教师专业发展。德国推动职业教育教师专业发展的主要途径为"双元制"职业教育，通过健全的法规体系、职业资格认证、政府和企业共同培养师资等，促进教师的专业发展。

国内学者周洋①分别从国家、学校与个人方面分别提出了提高教师专业发展的策略，为教师们的专业发展打下了坚实的基础。国家层面主要从教师教育制度改革、教师专业标准的建立、教师专业资格认证制度的建立三个方面进行改革。学校层面则从教师管理制度改革、教师专业发展评价体系建立两个方面展开。个人层面从树立正确的专业认知、积极实施专业实践两个方面进行推动。邓涛认为，教师专业发展的主要途径有教师培训、反思、教育教学研究。

从国内外职业教育教师专业发展策略与途径的相关研究文献来看，国外的研究起步较早，国内的研究主要是在改革开放以后。在新时代职业教育的大背景下，作为县级职业教育中心学校，教师专业发展的策略和途径主要有以下几个方面。

（一）教师专业发展的策略

（1）健全法律法规。作为国家层面，需要健全职业教育方面的法律法规，为中等职业学校教师专业发展提供制度保障。

（2）增强职业岗位吸引力。衡量一种职业是否有吸引力，关键是看这一职业的收入和受尊重的程度，要增强中等职业学校教师的岗位吸引力首先要提高中职教师的工资水平。

（3）完善教师培养制度。中等职业学校教师来源渠道较宽，教师专业层次参差不齐。因此，在中职教师的培养制度上，更需要"量身裁衣"，进行定制化培训。

（4）完善评价体系。评价是检验事物发展好坏的重要方法之一，判断职业教育教师是否合格，他们的教育教学水平高低，教育教学过程中存在哪些不足、哪些方面经验值得推广等都需要通过评价来实现。

（5）营造提升氛围。为中职教师提供专业发展机制和平台，加强教师团队互助互评互学机制，为教师搭建专业发展平台，指导教师进行专业发展规划，提升教师专业发展的能力。

（6）名师大师引领。作为职业教育的教师不仅要有熟练的操作技

---

① 在2019年《世界家苑》第4期中.

能，还要有丰富的教学技能。将一些职业教育的名师和企业的大师请到学校，为职业学校教师作教学技能和专业技能的培训，可以让教师的专业发展能力得以提升。

（二）教师专业发展的途径

（1）终身学习——教师专业发展的前提保证。现代职业教育从理念到体制、从内容到方法、从专业到技能，都已经发生了巨大的变化。知识的不断更新，作为一名职业教育工作者，首先要有终身学习的意识。

（2）教师培训——教师专业发展的基本途径。主要是针对职业教育教师师德师风、专业技能和教学能力提升而开展的校本、市级、省级和国家级的师资队伍能力提升培训，不同的教师选择相应的培训项目，有效促进专业发展。

（3）教学反思——教师专业成长的必经之路。教师通过反思教育、反思教学过程和反思自我提升实践智慧。

（4）同事合作——教师专业成长的有效方法。教师间的互相合作，容易形成学习型组织，能有效解决教师在专业发展过程中碰到的各种问题。

（5）企业实践——教师专业成长的重要条件。企业实践是职业教育教师提升"双师"素质的关键，是提高教师实践能力和专业水平的有效途径。

（6）课题研究——教师专业成长的有效载体。以解决实际教学中碰到的问题为研究对象，培养研究能力和意识。

五、教师专业发展阶段的研究

（一）国外教师专业发展阶段研究

国外针对教师专业发展阶段的研究早在20世纪60年代业已开始，富勒开辟了这一新研究领域，为后继研究奠定了基础。70~80年代是教师专业发展阶段研究的黄金时代，卡茨、伯顿、费斯勒、休伯曼、司德菲、伯林纳和本纳等提出了多种成熟的教师专业发展阶段理论。90

年代开始,随着美国建立教师专业发展学校(PDS),促进教师专业发展政策的推行,关于教师专业发展的研究重心转移到探索教师专业发展途径上,旨在促进教师专业发展。

20世纪70年代,美国学者卡茨(Katz)采用访谈和问卷调查形式,以学前教师为研究对象,提出教师专业发展的四阶段理论,她认为教师的专业发展可能经历"求生存(survival)、巩固(consolidation)、更新(renewal)和成熟(maturity)"四个发展阶段[1]。

20世纪80年代,美国约翰霍普金斯大学的费斯勒(Fessler)从生命的自然老化过程和周期的角度研究教师专业发展的过程,对处在不同专业发展阶段的教师观察、访谈、调查,结合成人发展和人类生命发展阶段等研究的文献分析,提出整体、动态的教师生涯循环理论。他认为教师专业发展要经历"职前(pre-service)、入职(introduction)、能力形成(competency building)、热心和成长(enthusiastic and growing)、职业/生涯挫折(career frustration)、稳定和停滞(stable and stagnant)、生涯低落(career wind down)、生涯退出(career exit)"八个阶段[2]。

美国学者休伯曼(Huberman)则总结前人研究成果,从教师职业生命的自然老化的视角提出教师职业发展的五阶段理论,即求生与发现期、稳定期、尝新与自疑期、宁和与积守期、游离闲散期。

美国学者司德菲(Steffy)采用观察、访谈、调查的方法,在费斯勒等人的研究成果基础上,提出教师生涯的人文发展模式。他把教师的专业发展划分为预备、专家、退缩、更新和退出共五个生涯阶段。

美国亚利桑那州立大学心理学教授伯林纳(Berliner)则根据教师"教学专业知识与技能的学习和掌握情况",较为细致地把教师专业发展划分为"新手、进步的新手、胜任、熟练和专家"五个阶段[3]。

---

[1] 肖丽萍. 国内外教师专业发展的研究评述 [J]. 中国教育学刊, 2002 (5): 57-60.
[2] 张维仪. 教师教育—改革与发展热点问题透视 [M]. 南京: 南京师范大学出版社, 2000.
[3] 李斌. 国内外教师专业发展过程研究述评 [J]. 江苏教育学院学报(社会科学版), 2003. 19 (4): 17-20.

本纳（Benner）则提出教学专长发展阶段理论，他认为教师从新手发展为专家，一般要经过"新手（novice）、高级新手（advanced beginner）、胜任者（competent）、精熟者（proficient）和专家（expert）"五个阶段①。本纳的划分与伯林纳的不谋而合，但两者对处于不同教学专长发展阶段的教师教学行为等描述上差异很大。

西方国家大多采用观察、访谈、调查的方法进行研究，比较客观地描述了教师的专业知识、能力与技能等在专业发展中的成长过程。

（二）我国教师专业发展阶段研究

我国教师专业发展研究起步较晚。20世纪80年代，以林崇德、申继亮、叶澜为主的学者开始对教师专业发展进行初步研究，他们从认知心理学、教育学和伦理学研究视角出发，构建教师专业化理论框架，为我国教师专业发展阶段的研究奠定了理论基础。

白益民以"教师自我专业发展意识"为指标，采用思辨的研究方法，把教师专业发展过程划分为"非关注、虚拟关注、生存关注、任务关注、自我更新关注"五个阶段，对教师专业发展阶段做出了明确界定②。

钟祖荣从教师素质和工作业绩的角度出发，把教师专业发展过程划分为"准备期、适应期、发展期和创造期"四个阶段。四阶段的终点分别对应新任教师、合格教师、骨干教师和专家教师（学科带头人、特级教师等）。

邵宝祥③采用问卷调查和个案研究的方法，从教师的教学能力出发，把教师专业发展过程划分为"适应、成长、称职和成熟"四个阶段。

罗琴和廖诗艳④以教师群体专业发展为假设，以职业成熟度为标准，把教师专业发展过程划分为适应期、发展期、成熟期和持续发展期

---

① 王建军. 课程变革与教师专业发展［M］. 成都：四川教育出版社，2004.
② 肖丽萍. 国内外教师专业发展的研究评述［J］. 中国教育学刊，2002（5）.
③ 邵宝祥，王金保. 中小学教师继续教育基本模式的理论与实践（上）［M］. 北京：北京教育出版社，1999.
④ 罗琴，廖诗艳. 教师专业发展的阶段性：教学反思角度［J］. 现代教育科学，2002（2）.

四个阶段。该研究涉及教师专业发展阶段的时间界定、专业发展需要、教学关注和教学行为特征等几个重要方面，其中对各阶段教师专业发展需求的研究最为细致。该研究还根据各阶段不同的教学需要和特点，论述了教师专业发展各阶段教学反思的内容和策略。

改革开放以来，我国的教育改革获得了巨大的发展，2003年我国实现了"两基"（基本扫除文盲、基本普及九年义务教育）的目标。办学条件得到了极大的改善，教育质量不断提高，在这个过程中，我国广大中小学教师的奉献和敬业精神、学识和良好素质都起到了不可磨灭的作用。政府和社会也越来越意识到教育的发展离不开教师，教育质量的提高离不开教师专业水平的提升。1994年颁布的《教师法》明确提出：教师是履行教育教学职责的专业人员。1995年国务院颁布《教师资格条例》，2000年教育部颁布《教师资格体例实施办法》。同年，我国出版的第一部对职业进行分类的权威性文件《中华人民共和国职业分类大典》，将教师归入"专业技术人员"一类。2001年4月1日起，国家首次全面实施教师资格认定工作，教师专业发展进程进入到实际操作阶段。

六、我国职业教育教师专业发展研究

（一）职业教育师资队伍建设历程

职业教育教师专业发展进程离不开教师职业专业化整体演变进程，两者历史大背景基本相同。但职业教育的特殊性，又使得职业教育教师专业发展有着其不同的历史进程。

1. 基础薄弱，多渠道解决来源，职业教育教师专业发展处于"萌芽"阶段

经历十年"文革"后，我国职业教育于1980年开始恢复与发展，但遇到的首要问题是师资问题。主要表现为：一是教师数量的补充跟不上职业教育规模的扩张；二是专业课教师和实习指导教师严重短缺，而且没有稳定来源；三是专业课教师普遍缺少行业一线工作经验，实践操作技能缺乏导致实践教学能力薄弱。职业教育师资数量不足、质量不高直接影响到职业教育发展的规模、速度和人才培养质量。1985年，《中

共中央关于教育体制改革的决定》指出："师资严重不足，是当前发展中等职业技术教育的突出矛盾……要首先依靠自身力量解决专业师资问题……要建立若干职业技术师范院校……使专业师资有一个稳定的来源。"

1986年，原国家教委（现教育部）印发了《关于加强职业技术学校教师队伍建设的几点意见》，重点就职业学校教师的来源和在职培训等问题提出解决办法：①分配高等学校毕业生；②选调或聘请工程技术人员、能工巧匠担任（专职或兼职教师）；③选拔中职优秀毕业生送有关高等学校或师资培训班进修后回校任教；④创办职业技术师范学院培养师资，或在有关高等学校设职业技术师范系或职业教育师资班培养教师；⑤中等职业学校教师的业务进修由高等院校、师资培训中心及有关科研单位、企事业单位共同负责。

1991年10月，《国务院关于大力发展职业技术教育的决定》指出："本着培养和培训、专职和兼职相结合的原则，多渠道地解决职业技术教育的师资特别是技能教师来源问题。要建立职业技术教育教师、干部的轮训进修制度。要制定职业技术教育教师的任职条件，完善教师专业技术职务评聘办法，逐步实行教师资格证书制度，采取措施逐步提高职业技术学校教师的待遇。"

从上述文件可看出，自1980年职业教育得到恢复至1991年第二次全国职业教育工作会议前后，我国职业教育师资，特别是专业师资十分薄弱，国家或学校主要通过培、调、聘、兼、留、配等形式解决师资的数量缺口问题。职业教育教师的进修、培训制度还未建立，职业教育教师的任职条件、职业资格制度还未制定，职业教育教师整体学历、能力要求不高，专业化发展处于"胚胎萌芽"阶段。

2. 试点推进，多方面探索，职业教育教师专业发展处于"成长"阶段

从恢复发展职业教育开始，国家在促进职业教育教师专业发展上就已经未雨绸缪。20世纪80年代初，原国家劳动总局在天津市和吉林省创办了两所职业技术师范学院，即现在的天津工程师范学院和吉林工程

技术师范学院，通过建立专门的职业教育师资培养机构培养职业教育教师，开始了职业教育教师培养试点探索，这是我国职业教育教师专业化迈出的重要一步。到80年代后期，天津工程师范学院开始探索职业教育教师培养新路。他们在培养实践中感受到，从事职业教育的教师应该是"一体化"的，既要有大学文凭证书又有职业技能证书。"一体化、双证书"的职业教育教师培养模式成为当时我国职业教育教师教育的新亮点，此研究课题获1997年国家教学成果一等奖。此后，围绕"一体化、双证书"职业教育教师培养思路，许多国内高等院校和专门培养机构转变观念，大胆实践，并逐步发展为现在的"双师型"队伍建设的提法。

职业教育教师的职后培训工作上海起步比较早。1995年年底，上海依托具备基本条件的中等职业学校、高等院校、科研机构组成了协作网络，成立了上海高级技工学校等五个职业教育师资培训基地，共同承担全市职业教育教师的职后培训任务，成为上海职业教育教师职后培训的里程碑。

这个阶段一个不可忽视的成果是职业教育教师的任职要求逐步得到明晰，不但从源头上提高了职业教育教师的入职质量，而且为教师专业发展指明了方向。《教师法》规定：中等职业学校文化课、专业课教师，应具备本科或以上学历；实习指导教师学历由国务院教育行政部门规定。实习教师任职条件除学历要求外，还要达到本专业实际操作技能高级工以上水平，或有独特、高超技艺等。

从20世纪90年代初到2002年全国第三次职业教育工作会议前的10年间，我国是在试点、摸索、探寻中追求职业教育教师的专业化。其间经历了因高校扩招而引起的"普高热"和职业教育"大滑坡"，对职业教育教师专业发展也带来了巨大冲击。这个阶段职业教育教师专业发展程度有所提高，但发展不快，处于"幼苗成长"期。

3. 高度重视，多样化培养培训，职业教育教师专业发展处于"开花"阶段

2002年以来，国家高度重视发展职业教育，也为职业教育教师的

专业发展带来了新的机遇和挑战。在我国许多重要教育政策文件中，都反复强调要加强职业教育教师队伍，尤其是"双师型"教师队伍建设。如2004年《教育部2003—2007年教育振兴计划》提出，要"大力加强'双师型'教师队伍建设，鼓励企事业单位专业技术、管理和有特殊技能的人员担任专兼职教师"。2004年《教育部等七部门关于进一步加强职业教育工作的若干意见》提出，要"深化职业学校人事制度改革，加强'双师型'教师队伍建设……职业学校专业实践性强的专业教师，可再评聘第二个专业技术资格"。2005年《国务院关于大力发展职业教育的决定》指出，要"实施职业院校教师素质提升计划，地方各级财政要继续支持职业教育师资培养培训基地建设和师资培训工作。建立职业教育教师到企业实践制度，专业教师每两年必须有两个月到企业或生产一线实践"。2019年1月24日国务院出台《国家职业教育改革实施方案》（以下简称"职业教育二十条"）明确，从2019年起，职业院校、应用型本科高校相关专业教师原则上从具有3年以上企业工作经历并具有高职以上学历的人员中公开招聘，特殊高技能人才（含具有高级工以上职业资格人员）可适当放宽学历要求，2020年起基本不再从应届毕业生中招聘，建立100个"双师型"教师培养培训基地，职业院校、应用型本科高校教师每年至少1个月在企业或实训基地实训，落实教师5年一周期的全员轮训制度。

一个个落实政策文件精神的计划相继出台。如教育部和财政部2006年联合推出《关于实施中等职业学校教师素质提高计划的意见》，通过实施专业骨干教师国家级、省级培训计划，开发重点专业师资培养培训方案、课程和教材等举措，重点建设西北农林科技大学等65个国家职业教师师资培训基地，5年中培训15万名专业骨干教师，开发80个专业师资培养方案和课程教材，着力推进职业教育教师的专业发展，通过多种途径促进教师的专业成长。

可以说，2002年第三次全国职业教育工作会议以来的这段时间，是我国职业教育发展的黄金时期，从中央到地方各级政府无不重视职业教育的发展。在这样的大好形势下，职业教育教师的专业化也呈现出蓬勃发展的态势。但由于时间较短还没有结出丰硕成果，所以只能称之为"繁茂开花"阶段。

(二) 职教教师专业素质内涵研究

职业教育教师专业发展的研究基于对其独特的教师专业素质的研究，不同的专业人员具有不同的专业素质特征。专业素质特征反映了一种专业的专业人员，或同一专业不同领域的专业人员在专业素养方面的特点与区别。职业教育教师的专业素质特征，是我们在专业素质方面区别从事其他教育教师的根本特点。与其他教育一样，职业教育也是一种有组织、有计划地培养人的社会实践活动。所以，从事职业教育的教师同样需要具备作为一个教师的基本要求，即具备以"师范性"与"学术性"知识、技能与能力为核心的专业素质，我们可以把它称为职业教育教师的基本专业素质，如专业精神、职业道德、学科专业知识、教育专业知识、学科教学技能、教育科研能力等。

职业教育不同于普通教育，有其特殊的一面。对职业教育教师专业素质可作这样的表述：职业教育教师专业素质包含了教师基本素质和职业教育教师特殊素质两个方面，具有"师范性""学术性""实践性"三性融合的特点。根据这三性融合的特点，职业教育教师的专业素质具体就包括了高尚的职业道德、扎实的专业知识和技能、较强的德育工作能力、深厚的专业能力与丰富的企业实践能力五个方面的素质。

素质一：高尚的职业道德

热爱党，忠诚教育事业，树立正确的教育观、质量观和人才观，增强实施素质教育的自觉性，这是作为一名教师必须具备的基本素质。新时代下"爱国守法""爱岗敬业""关爱学生""教书育人""为人师表""终身学习"已成为教师职业道德的六条规范，集中体现了教师职业特点对师德的本质要求和时代特征。

素质二：扎实的专业知识和技能

职业教育有其特殊性，教育教学要求道德与技能并存。因此，职业教育的教师必须具有深厚的专业知识、熟练的操作技能、一定的生产实践经验和熟知教育教学的规律和方法。否则，难以实现"传道、授业、解惑"和适应新时代下职业教育对教师提出的要求。

素质三：较强的德育工作能力

职业教育遵循德育为先、能力为重、学生全面发展的教育理念。作为职业教育教师，要求具有较强的德育工作能力和经验，能将教书和育人有机结合，帮助学生尽早树立正确的人生观和世界观，进而带动学生全面、健康的发展，达到"在教书中育人，在育人中教书"的教育效果。

素质四：深厚的专业能力

职业教育的专业设置比较灵活，通常要与产业发展进行接轨。这就要求专业课教师的知识结构不能单一，必须具有开放性、转换性，以适应社会生产的需要。因此，专业课教师必须具有学科转换能力，能够根据实际情况和教学要求开发新的课程。为此，专业课教师必须具有求知的毅力和自学的能力，努力学习本科与其他相近学科的新知识，不断充实自己的知识储备，并保持其内容的先进性。

素质五：丰富的企业实践能力

职业教育专业课与文化课的最大区别在于它的实践性强，这就要求专业课教师既要有理论讲授能力，又要有动手操作能力。既能够动口又能动手进行教学，已成为职业教育专业课教师基本功的标志。《职业院校教师下企业实践管理办法》中明确规定，公共课教师每两年必须到企业或生产一线学习考察、开展调研累计2周以上，已在岗的专业课教师和实习实训指导教师每两年必须要到企业或生产服务一线顶岗实践累计两个月以上，了解本专业最新的行业动态，学习专业在生产实践中应用的新知识、新技能、新工艺、新方法、新规范以及企业文化，收集实际岗位工作案例和项目实施课程改革，指导学生专业实践实训。

第二章 教师专业发展的基本内容

发展职业教育是推动经济发展、促进就业、改善民生、解决"三农"问题的重要途径，是缓解劳动力供求结构矛盾的关键环节，必须将其摆在更加突出的位置。要想提高职业教育的质量，关键在于建设一支高水平、符合社会需求的职业教育教师队伍。没有高水平的教师队伍，也就没有高质量的职业教育。而如何打造高水平的职业教育教师队伍，是职业教育发展过程中必须回答的问题。

在世界范围的教育改革浪潮中，人们越来越认识到，教育改革的成败在教师，只有教师专业水平的不断提高才能造就高质量的教师队伍，才能提高教育的整体水平。在20世纪80年代的教师专业化进程中，出现了一个转折，即从追求教师职业的专业地位和权利转向追求教师的专业发展[1]。人们对过去忽视教师专业发展和教学技能提高的做法给予了批评，教师专业化的目标重心开始转向教师的专业发展。

伴随着2012年《关于加强教师队伍建设的意见》的颁布，一系列完善教师专业发展的政策标准相继出台，这标志着教师专业发展问题已被正式提上日程。2013年9月，《教育部关于印发〈中等职业学校教师专业标准（试行）〉的通知》（教师〔2013〕12号）中专门指

---

[1] 刘微. 教师专业化：世界教师教育发展的潮流[N]. 中国教育报，2002-01-03 (4).

出,该标准是国家对合格中等职业学校教师专业素质的基本要求,是中等职业学校教师开展教育教学活动的基本规范,是引领中等职业学校教师专业发展的基本准则,是中等职业学校教师培养、准入、培训、考核等工作的基本依据。根据教育部对中等职业学校教师的专业标准要求,中等职业学校教师专业发展是指教师要树立师德为先、学生为本、能力为重、终身学习的基本理念,通过自主学习和参加培训,在专业理念、师风师德、专业知识和专业能力等方面不断提高,寻求专业化的持续发展过程。

第一节 专业理念与师德

在国家教育部颁发的《中等职业学校教师专业标准(试行)》中,"专业理念与师德",从教师对待职业、对待学生、对待教育教学和对待自身发展四个方面,确定了"职业理解与认识""对学生的态度与行为""教育教学态度与行为""个人修养与行为"等四个领域,提出了十六项基本要求。这些基本要求提出了培养具有良好专业理念与职业道德的合格教师,既体现了对"学生为本"理念的细化,如关爱学生、尊重学生、信任学生等,也体现了对"师德为先"理念的细化,如富有爱心、爱岗敬业、为人师表等。

教师的专业理念是指对自我的专业性质、价值、水平的一个综合评价,以及对教师这一职业独有的看法。师德是指教师通过对这个职业的了解与认识,经过自己的判断和社会基本道德的综合形成自己的职业道德。教师的师德是其素质和思想道德的体现,包含了一个人的职业道德和对学生的责任。

一、职业理解与认识

2013年9月,教育部印发的《中等职业学校教师专业标准(试行)》中,"职业理解与认识"是"专业理念与师德"维度的第一条标准。其具体要求是:贯彻党和国家教育方针政策,遵守教育法律法规;理解职业教育工作的意义,把立德树人作为职业教育的根本任务；认同中等职业学校教师的专业性和独特性，注重自身专业发展；注重团队合作，积极开展协作与交流。那么，中职教师应该如何正确理解与认识自己所从事的职业，并依据标准，加强学习，成为合格的教师呢？

（一）认真学习方针政策

2010年7月，国家发布《国家中长期教育改革和发展规划纲要（2010—2020）》，从"大力发展职业教育、政府切实履行发展职业教育的职责、把提高质量作为重点、加快发展面向农村的职业教育、增强职业教育吸引力"五个方面对职业教育作了规划。2014年6月，国务院印发的《关于加快发展现代职业教育的决定》中提出，"到2020年，形成适应发展需求、产教深度融合、中职高职衔接、职业教育与普通教育相互沟通，体现终身教育理念，具有中国特色、世界水平的现代职业教育体系"。

2000年5月，教育部、全国教育工会印发的《中等职业学校教师职业道德规范（试行）》，强调加强师德建设，包括坚持正确方向、热爱职业教育、关心爱护学生、刻苦钻研业务、善于团结协作、自觉为人师表六个方面。

2013年9月，《教育部印发〈中等职业学校教师专业标准（试行）〉的通知》，对合格中职教师专业素质提出了基本要求，为中职教师开展教育教学活动提供了基本规范，为引领中职教师专业发展制定了基本准则，为中职学校教师培养、准入、培训、考核等工作提供了基本依据。

（二）坚持立德树人任务

党的十九大报告提出，"落实立德树人根本任务，发展素质教育，推进教育公平，培养德智体美劳全面发展的社会主义建设者和接班人"。立德树人，从字面上可以这样理解，即为：立德和树人。何谓"立德"？意思为树立德业。《左传》记载"太上有立德，其次有立功，其次有立言，虽久不废，此之谓不朽。"何谓"树人"？意思是培养人才。《管子·权修》："一年之计，莫如树谷；十年之计，莫如树木；终身之计，莫如树人。""十年树木，百年树人"，立德是树人的前提和基础。

立德树人，首先要明确立什么样的德。理想指引人生方向，信念决定事业成败。没有理想信念，就会导致精神上"缺钙"。所以立德，首先要将理想信念作为灵魂加以强调和落实。要以培养能肩负起民族复兴的时代重任的学生为着眼点，加强马克思主义理论教育，引导学生树立共产主义远大理想和中国特色社会主义共同理想，增强"四个自信"。此外，还要在厚植爱国主义情怀和加强品德修养上下功夫，让学生踏踏实实修好品德，扎扎实实践行社会主义核心价值观。

立德树人，要在怎样立德上多花心思。引导学生"做到明大德、守公德、严私德"，需要把立德树人融入思想道德教育、文化知识教育、社会实践教育各环节，贯穿基础教育、职业教育、高等教育各领域，学科体系、教学体系、教材体系、管理体系要围绕这个目标来设计，教师要围绕这个目标来教，学生要围绕这个目标来学。

（三）注重教师专业发展

教师专业发展是素质教育深入推进的必然要求，也是教师适应教育发展、教育变革的自我需求。专业发展的过程，实际上是教师不断理解教育内涵、探索教学策略、提炼学科知识与技能、担负教育责任、完成教育使命的社会化过程。教师的专业程度和发展水平，直接决定了教育教学质量和学校办学层次。因此，如何有效促进教师的专业发展，应该成为学校管理中必须研究和推进的核心问题。

教师专业发展主要有以下途径。一是学习理论，通过唤醒教师主体在教师专业发展中的重要角色和价值，强调教师的专业责任感、专业价值观、专业期望和专业发展意识。教师的主动参与是教师专业发展的必要条件，教师专业发展需求是教师专业发展的内在动力。二是积累知识，提高知识水平。学科知识是教师应具备的专业知识的主体，教育科学知识是教师从事育人工作所具备的重要知识，是教师顺利完成教育教学工作的基本条件和保证。三是提高技能，教师要通过训练，使自己的思维具有条理性、系统性、合理性，并不断提高自己的表达能力、组织能力以及教师专业需要的各种能力。四是同伴互助，这是教师专业成长的有效方法。教师应利用培训、听课、教研的机会，向专家、名师、优秀教师学习，使自己的教学能力有更大的提升和发展。五是实践反思。在教育教学过程中要善于发现问题，做一名"善于反思，勤于积累"的老师。反思是教师自我提高的阶梯，也是充分挖掘教师专业发展资源的主要方式，教师观察研究自己的教学，会使教师保持一种积极探究的心态，从而对教师本人和他人的行为与观念有深层的认识，形成个人的教学风格和实践智慧。

（四）开展团队协作交流

"一枝独秀不是春，万紫千红春满园。""独学而无友，则孤陋而寡闻。"最好的教师不应该只燃烧自己，照亮别人，而应该在照亮别人的同时也发展自己，照亮更多的人，实现社会价值最大化。

职业教育的目标实现是由教师互相配合、互相协作，共同完成的。团结协作的教师集体能够形成强有力的教育影响力，团队合作也是提高教师职业成熟度的重要因素。中等职业教育教师（简称"中职教师"）要树立起团队协作意识，培养团队合作精神。自觉提高自身素质，增强自身师德修养，以集体的荣誉为重，将个人的利益放在集体利益之后，主动融入团队建设中。学人之长、补己之短，严于律己、宽以待人，与团队成员共同面对困难，面对挑战。中职教师要积极参与各级各类名师工作室研修，参与集体备课、公开课、专题讲座、教学资源开发共享等活动，完成研究与实践任务。在团队协作中，每个成员要积极主动、按时按质地完成团队分配的任务。

二、对学生的态度与行为

根据中职生的特点，中职教师首先要做的是：首先，关爱学生，重视学生身心健康发展，保护学生人身与生命安全；其次，尊重学生，维护学生合法权益，平等对待每一个学生，采用正确的方式方法引导和教育学生。学生心目中的好老师，大多不是因为教师的知识，而是因为教师的敬业和对学生的爱。教师要学会进入学生的感情世界，体会学生的喜怒哀乐，老师要学会弯下腰来和学生对话，耐心地听学生把话讲完，对给教师提出批评和建议的学生要给予肯定，老师要有勇气向学生承认自己的过错，如果教师都能和学生变成知心朋友，都能和学生说悄悄话，我们的教育就成功了。最后，中职教师要信任学生，积极创造条件，促进学生的自主发展。中职教师要注重学生个性发展，重在扬长，不要过多地补短。让学生学好一门技能，促使他们尽快地成长，使他们成为"社会的好公民，家庭的好子女，学校的好学生，企业的好员工。"

三、教育教学态度与行为

学校教学工作是以课程为中介的师生双方的共同活动，其特点是通过系统的知识传授与掌握，促进学生身心的全面发展，是一个师生互动的过程。在教学过程中，每一项教学目标和任务的达成不仅与教学内容、教学情境以及学生的需要和体验紧密相联，还与教师的态度和行为息息相关。作为教师人格的外在表现的态度与行为对于学生的情感体验更是不可忽视的因素。

教师对学生态度的核心是对学生的关爱、尊重，态度既是内隐的，又是外显的。教师应做到以下几点：一是树立育人为本、德育为先、能力为重的理念，将学生的知识学习、技能训练与品德养成相结合，重视学生的全面发展；二是遵循职业教育规律、技术技能人才成长规律和学生身心发展规律，促进学生职业能力的形成；三是营造勇于探索、积极实践、敢于创新的氛围，培养学生的动手能力、人文素养、规范意识和创新意识；四是引导学生自主学习、自强自立，养成良好的学习习惯和职业习惯。

在当今教育的新形势下，作为中职教师应不断更新教育教学观念，拓宽自己的专业知识，提高自己的教育教学能力，大胆创新，努力为我们的学生提供丰富的精神食粮，为他们创造一个全新而更具吸引力的课堂。

四、个人修养与行为

《辞源》中对"修养"的释义十分恰切："乃学问上精密之功夫也。修以求其粹美，养以期其充足。修犹切磋琢磨，养犹涵育熏陶也。""个人修养"是指"个人在政治、思想、道德品质和知识技能等方面经过长期锻炼和培养所达到的一定水平。在中国伦理史上，古代伦理学家都十分注重道德修养的研究，尤其是儒家。儒家所说的'修养'，是指通过内心反省，修身养性，培养完善的人格。"儒家思想家的言论集成《论语》被认为是中国古代较早论述教育思想的著作。《论语》中述及的教育思想，传递出儒家教育思想家为师、为教的基本姿态，即在教育活动中都力求使每一位受教者达到"修身养性"，最终培养其完善人格。传承儒家文化精华的使命，也是我国现代教育教学与教师专业发展的应有之义，中等职业学校教师专业标准中列出专门一个领域，周详地规定"个人修养与行为"的具体内容，正是为中职教师个人修养与行为素质的提高和完善做保障，这与我国古代教育思想家传承的修身养性的教育理念融合。

"个人修养与行为"与"师德"的关系不仅表现在其承继与发展关系上，也表现在具体的教师优良品格上。研究发现，教师的"热爱、同情、尊重""肯教人"和"耐心温和，容易接近"的品格都是难得的个人修养与行为规范。由此可以看出，良好的个人修养与行为是中职教师师德构成中最重要的因素，对中职生的学习与成长有明显的导向作用。

第一，富有爱心、责任心，具有让每一个学生都能成为有用之才的坚定信念。"爱心"在《当代汉语词典》中解释为"关怀、爱护人的思想感情"，要求中职教师在职业角色与个体角色之间柔性转换，将个人的爱与关怀放之于家人、朋友和中职学生身上，使得各有兼顾，同时以职业心为重，偏重于中职学生的成长与发展。责任心，一般来说要求中职教师在教育教学过程中将自身的责任感和使命感融入对学生的学习与成长过程中，用心教学，教好学生。同时，中职教师在教育过程中，必须具有让每一个学生都能成为有用之才的坚定信念。

第二，坚持实践导向，身体力行，"做中学、做中教"。2007年，温家宝总理在大连轻工业学校视察时指出，职业教育应在"做中学、做中教"，只有在"做中教"才是真正的教，只有在"做中学"才是真正的学。这一提法是对中等职业教育的教学理念的高度概括和对教学模式的重大突破。实践证明，"做中学、做中教"是适合职业教育的特殊性，是适应职业学校学生特点的教学模式，有利于改变教师的教学行为，充分发挥教师的主导作用和突出学生的主体地位。"教是为了不教"，"授之以鱼，不如授之以渔"。"做中学、做中教"这一理念的实施，改变了教师的教学方式和角色，改变了学生的学习方式，让所有学生在观察、提问、设想、动手实践的过程中愉快地学习，获取对自然及其规律的认识和感受，体验并学习、掌握知识。

第三，善于自我调节，保持平和心态。教师在工作中或多或少都会出现不同程度的不良情绪。教师作为普通的个体，在生活中不可能万事如意，一帆风顺。但是，作为教师，职业道德要求我们必须保持稳定、乐观的情绪，才能营造出和谐的教学氛围，取得良好的教学效果。因此，中职教师必须具备良好的自我调节能力，在面对复杂而繁重的教学任务时，能够保持一颗平常心，平缓转换自身的角色，将个人情绪调至可控状态。有效调节和控制自己的情绪，保持平和的心态，是专业标准对中职教师的基本要求。

第四，乐观向上，细心耐心，有亲和力。"乐观""开朗"是人类性格气质的典型取向。乐观的人，常常面带微笑、态度温和，他们总是能从周围发现积极有益的东西，总是对他人表现出嘉许的态度。这种乐观的态度是中职教师需要具备的性格特质，在教育教学活动中，保持乐观向上的生活态度与热情开朗的心理状态才能在教学过程中达到春风化雨般的效果。耐心与细心是指在教学时应当倾注于学生身上的一种不厌其烦、精心细致的思想感情。"亲其师，信其道"，一个人只有在亲近、尊敬自己的师长时，才会相信师长所传授的知识和道理。有渊博的知识，擅长言谈技巧，秉承高尚人格，有亲和力，富有工作热情的教师，会有更多追随者。

第五，衣着整洁得体，语言规范健康，举止文明礼貌。教师的外在形象美能够在教学时发挥潜移默化的影响作用，启迪学生对美的追求和对美的践履。教师的着装要整洁大方，朴素典雅，传达给学生积极乐观、简单节约、朴实大方的生活理念，从而继承与发扬中国尚简的传统文化和教师的美好形象。教师要通过自身的文明举止，给学生树立待人接物的道德榜样，引导学生树立正确的世界观、人生观、价值观。

第二节 专业知识

作为教师，具备广博的专业知识是高质量完成专业工作的基本条件。以专业化的眼光审视，应具备的专业知识至少应有四个方面：教育知识、职业背景知识、课程教学知识和通识性知识。

一、教育知识

教育知识是指教师在教育教学活动中为实施教学行为所必须具有的，影响其教育观念和教育行为、决定其教育教学效果、对学生身心发展有直接而显著影响的知识。教育知识既包括教育理论知识，也包括教育实践知识，同时还包括教师专业信仰和专业情感。凡是增进人们知识和技能、影响人们思想品德活动的教育规律、思想、方法，关于教育的认识、体验和行为能力等都可以称之为教育知识。教育知识通过系统学习、教育实践和其他途径内化到教师头脑中，形成教师的教育能力和教育素质。教育知识是一个教师取得教学成功的重要保障。

教师的教学效果为什么会存在差异？影响教师课堂教学的因素主要有哪些？这些问题一直以来都是教育研究所关注的热点。一般说来，教师的教学行为是影响课堂教学的直接因素，而教师的教育知识则是影响课堂教学的间接因素。教学行为是教育知识的外在表现，教育知识是教学行为的内在升华。

关于教师教育知识与教师的教学水平或者学生的学业成就之间的联系，国内外很多学者都已在这方面进行了研究。有学者研究表明，具有良好教育知识的教师比一般的教师在教学中更出色，学生的学业成绩也更突出；教师的教育知识直接影响着教师的教学质量；教师的教育知识与学生的学业成就之间成正比，要提升学生的学习，就必须提高教师的教育知识。发展教师的教育知识，对提高教师专业素质，提升教学质量具有重要的意义。

作为一名中职教师，应当结合职业学校学生的现状、职业学校的实际来进行教育教学。为了成功地扮演好自己的角色，中职教师应具备的教育知识包括：熟悉技术技能人才成长规律，掌握学生身心发展规律与特点；了解学生思想品德和职业道德形成的过程及其教育方法；了解学生不同教育阶段以及从学校到工作岗位过渡阶段的心理特点和学习特点，并掌握相关教育方法；了解学生集体活动特点和组织管理方式。

二、职业背景知识

教师为了更好地完成教学任务，既要了解专业知识的背景、产生过程、知识之间的相互联系以及整个知识体系的框架，又要理解专业知识本身的学习和思维的方式方法，还必须具备以下职业背景知识：了解所在区域经济发展情况、相关行业现状趋势与人才需求、世界技术技能前沿水平等基本情况；了解所教专业与相关职业的关系；掌握所教专业涉及的职业资格及其标准；了解学校毕业生对口单位的用人标准、岗位职责等情况；掌握所教专业的知识体系和基本规律。

三、课程教学知识

美国教育研究会主席舒尔曼（Schulman）认为，教师除了具备学科知识、一般教学知识，还必须拥有另一种新知识——学科教学知识（课程教学知识），即教师将自己所掌握的学科知识转化成学生易于理解的知识。"学科教学知识"定位于"学科知识"与"一般教学知识"的交叉之处，其核心内涵在于将学科知识转化为学生可接受的形式，这种转化其实质是智能的"转化"，是将学科知识

"转化"为学生有效获得的一种学科教学智能。因此，教师的学科教学知识（课程教学知识）直接影响到学生的学习质量，影响到课堂教学的效果。

学科知识中的概念、命题、原理或事实等以教材载体呈现出来，教师不仅要掌握学科知识，不能存在盲区和错误，更重要的是如何让学生理解和应用，哪里是重点、难点，不同水平学生在哪里会遭遇"埋伏"。教学内容知识与学科特点、学生特点、学科教学特点、学校教学条件等密切相关，教师应当非常熟悉。一般教学法等教育学知识是条件性知识，显示学科教育教学基本规律和基本规范，这是教师生成学科教学知识（课程教学知识）的关键。教师需要平衡各门课程的关系，认真学习专业标准、课程标准规定的教育教学知识。

实施课程计划，提高课堂效果的关键在于教师，教师要想成功地完成教学任务，就要精通所教课程教学知识和内容，熟悉所教课程在专业人才培养中的地位和作用，掌握所教课程的理论体系、实践体系及课程标准，掌握学生专业学习认知特点和技术技能形成的过程及特点，掌握所教课程的教学方法与策略。

四、通识性知识

要理解"通识性知识"一词的整体性意义，我们必须先了解"通识"和"通识教育"的含义。就"通识"而言，它代表着个人对事理能够通达、贯通、融会于一体，有见识、有远见地审查事物的前因后果，并依其教育价值做出是非真假的判断。换句话说，"通识"一词强调的不仅是个人对事物的理解，而且还包括个人必须具备的主体意识，对事物做出洞识与区辨。

"通识教育"（general education）又称"一般教育"和"普通教育"，是人才培养的一种模式，起源于19世纪的西方，当时欧美有很多学者认为现代大学太过专业的分科使得知识被严重割裂开来，以至于学生不能够独立地进行思考，于是就创造出"通识教育"。该模式以培养"全人"为目标，即"具备远大眼光、通融知识、博雅精神和优美情感的人，而不仅仅是某一狭窄专业领域的专精型人才"。其理念在于给学生更多空间进行选择，以充分培养其个性和创造性。进入20世纪，"通识教育"已广泛成为欧美大学的必修科目，以"通识教育"为基础的美国常青藤名校甚至跨越了文理分科，文凭也被称为"文理学士"。在"通识教育"模式下，学生通过融会贯通的学习方式，形成较宽厚、扎实的专业基础以及合理的知识和能力结构，同时认识和了解当代社会的现状，发展全面的人格素质与广阔的知识视野。

综合来讲，"通识性知识"就是指"通识教育"模式下个人所需掌握的"一种广泛的、非专业性的、非功利性的基本知识、技能和态度"。需要特别指出的是，这里讲的"通识"不是指拥有多少知识，掌握到什么程度，也不是指拥有多少观念，而是指在通识学习中造就自己，拥有一个能够思考的大脑，使不同学科、领域的知识能够相互通融，在思考和处理问题时能够从较为开放的、跨学科的视角来进行，以"达到不同文化和不同专业之间的沟通"。

"通识性知识"对个人思想上的启发和拓展是十分重要的，这种启发和拓展绝对不同于职业和工作导向的专业养成，而是一种能够协助自己悠游于生活之中，并自由地穿梭在工作与非工作世界之间的"智识"。它能够引领人们走出知识上的无知与局限，在遇到问题时多一些有别于专业层面上的思考，进而将这种思考收获回馈至专业领域，让专业更加灵活、更有弹性。

中职学生是有待于塑造的群体，可塑性相当强，他们的品德、行为、文化素养、动手操作能力、人生观、价值观等许多方面都有待调整、塑造和提高。因此，中职学校教师肩负的教育任务更为艰巨。虽然职业教育培养的目标是专业技术人才，但培养出来的学生要受社会和企业欢迎，必须具备更多的通识性知识。从事职业教育的教师要具备自然科学和人文社会科学、艺术欣赏与表现和信息技术等知识，还要了解中国经济、社会及教育发展的基本情况。只有这样，才能教给学生更多的知识。

第三节 专业能力

专业能力是与职业能力密切相关的一个概念。一般来说，专业能力对应着职业中的某一个或某一类岗位，是工作岗位对劳动者的要求。专业能力相对于从事任何活动都具备的一般能力而言，专指人在某项活动中所具备的能力。

通过文献查阅，我们发现在教育领域内，学者们对于教师的专业性尚有争议，因此，在对教师的专业能力进行论述时，有些学者不用"教师专业能力"的提法，而称之为"教师的能力"。只是教师专业能力更强调教师行业的专业性，更加强调一些专门能力，从而体现教师岗位的不可替代性。

按照教育部2013年颁发的《中等职业学校教师专业标准（试行）》，将中职教师专业能力设置为七大能力，即教学设计能力、教学实施能力、实训实习组织能力、班级管理与教育活动能力、教育教学评价能力、沟通与合作能力、教学研究与专业发展能力。

一、教学设计能力

教学设计是为支持学生有效学习而对教学活动进行系统的计划或规划的过程。科学有效的设计教学活动是教师必须掌握的一项教学基本功。教学设计是以设计理论、教学和学习理论为基础的，但它不是单纯的理论层面的活动，而是连接理论与实践的桥梁。对同样的学习内容，不同的教师会有不同的设计方案。"设计"是一种带有创造性的活动，它要求设计者具有扎实的学科知识，掌握教学设计理论和教学实践技能，能够合理利用教学资源，对学生的学习特点进行分析，所以设计教学活动的过程，也是提高教师专业素质的过程。

教学设计是在教育理论的指导下，针对不同教学内容，依据教学规律，基于职业岗位工作过程设计教学过程和教学情境，确定学习中需要解决的主要问题，通过教学分析找到解决问题的办法。教学设计是为了高效地实现学习目标，根据学生的具体情况选择最合适的教学方法，进行最合理的教学时间分配，增强教学计划的可操作性。教学设计方案是教师实施教学的主要依据，重视"设计"是提高教学工作有效性的可靠保证。

"动态生成"是教学设计的重要环节，学生对书本知识的学习是在特定的活动中进行的，通过资料收集、讨论交流、思考、评价、再反思等多个环节和过程，引导和帮助学生设计个性化的学习计划。在信息社会中，知识更新的速度越来越快，学生对知识的理解也有一个不断深化和拓展的过程，教师通过设计以学习者为中心的适合学生自主学习的"活动"，提高学习的有效性和学生的学习能力。

二、教学实施能力

教学实施是通过对课堂教学活动导入、课中和结束环节的不断调整和控制，以达到教学设计方案顺利实施，达到预定教学目标的过程。教学实施策略的选择既要符合教学内容、教学目标的要求和教学对象的特点，又要考虑在特定教学环境中的必要性和可能性。教学实施策略包括先行组织者策略、问题教学策略、发散集中教学策略、反思教学策略、练习策略等。

教学实施过程中，教师要营造良好的学习环境与氛围，培养学生的职业兴趣、学习兴趣和自信心。运用讲练结合、工学结合等多种理论与实践相结合的方式方法，应用现代教育技术手段，指导学生主动学习和技术技能训练，有效实施教学。

导入是一堂课或一个新单元的开端，主要起着集中注意、提高兴趣和进入教学情境的作用。导入一般不宜占用过长时间，过长则会影响整个教学过程。实践经验表明，一般以 2～3 分钟较为适宜。导入的类型很多，课堂教学中常用的导入方法有联想导入、实验导入、设疑导入、故事导入和动画导入等。

课中是实施教学活动的主体部分，是指从导入新课到结束前的这个时间段。一堂课的教学效果如何取决于课中是否实施合适的教学策略。根据国内学者的研究，课中主要有以下几种教学策略。

（1）先行组织者策略。奥苏贝尔认为，先行组织者策略是促进有意义学习的发生和保持的最有效策略,是利用适当的引导性材料对当前所学新内容加以定向与引导。这类引导性材料与当前所学新内容(新概念、新命题、新知识)之间在包容性、概括性和抽象性等方面应符合认知同化理论要求,即便于建立新、旧知识之间的联系,从而能对新学习内容起固定、吸收作用。这种引导性材料就称为"组织者"。由于这种"组织者"通常是在介绍当前学习内容之前,用语言文字表述或用适当媒体呈现出来,目的是通过它们的先行表述或呈现帮助学习者确立有意义学习的方向,顺利接受学习材料,所以又被称为"先行组织者"。先行组织者策略的实施步骤是准备材料,设计学习过程,呈现预备性材料或新材料,从中抽象出新信息,加以运用强化。

(2)问题教学策略。教师在教学中提出问题是一项基本的教学策略。研究发现,当前90%以上的课堂提问是要求学生回答教科书的相关内容。可见,实施这一策略的要点是提出"有效的问题"。什么是有效的问题?可以是"假设"的问题——对一个假设的事物加以思考;"比较"的问题——对资料、观点、答案或是其特征或关系比较异同;"可能"的问题——利用联想推测事物的可能发展;"整合"的问题——提供给学生多种资料、观点、原理,让学生演绎出新的观点;"类推"的问题——由已知原理、观点推理出求知的原理、观点。

(3)发散、集中教学策略。学生针对问题发表自己的看法,学生间进行"头脑风暴",然后教师、学生进行比较、优选,集中到最佳答案上来。运用该策略要找准发散点,给学生以充足时间进行发散与集中思考。

(4)反思教学策略。反思教学指教学过程中教师、学生以逆向思维的方式检讨教学、学习活动。逆向思维具有逆向性、批判性和新奇性等特点。逆向性指从对立的角度、反方向的动态过程中思考问题;批判性指克服思维定式,排除实验、习惯及逻辑常规的干扰,向传统提出挑战与批判;新奇性指逆向思维能在人们不经意的地方独辟蹊径,得出新奇结果。逆向思维的这些特点有助于师生共同反思教学中存在的问题,提出改进的方法和策略。

（5）练习策略。练习是课堂教学的重要环节。教师可结合课堂教学过程的提问随机穿插进行口头或书面、黑板上或本子里、个别或集体等多种形式练习，从而达到启迪、反馈、巩固、迁移的目的。

结束是课堂教学的最后一个部分，其实施的主要目的是完成课堂教学的"有序解散"。为此，教师需要精心准备，同时在课堂上还要恰当地运用结束的方法和策略。

三、实训实习组织能力

实训实习是培养学生技术知识、实践能力和创新精神不可或缺且应给予高度重视的环节。作为一名中职教师，不但要具备过硬的专业知识和实践技能，还必须能够根据所教专业相应的职业岗位群的岗位特征、工作性质、工作过程和工作能力等来制订实训实习计划、组织实施校内外实训实习和全程参与实训实习。此外，为切实保护学生在实训实习过程中的人身安全和合法权益，中职教师还应该掌握有关实习实训法律和规章制度方面的知识，从而保障实训实习工作顺利开展。

（一）课程实训

课程实训贯穿于日常理论教学过程中，结合理论知识，通过设计实验、参观、案例等方式来印证、理解和消化知识点，并训练基础的专业技能，掌握一定的感知和技能基础。

（二）顶岗实习

顶岗实习是综合的技能训练环节，通过在实习单位顶岗实习，在真实的工作环境中综合运用所学的专业知识和技能，并不断熟练、校正技能标准和要求，增强就业竞争力，以适应社会对人才的需要。

（三）职业鉴定

根据学校人才培养的特色与要求，学生在校期间，应掌握一定的职业技能，获取相应的职业资格鉴定证书。学校要创造条件，设立职业资格鉴定站，提供相关的职业技能培训，促进"双证制"培养要求的落实。

四、班级管理与教育活动能力

班集体是学校工作的基层组织，是教育教学质量的基本组织单位。班集体是学生成长的摇篮，是学生学习成长过程中的一个最基本的组织单位，每个学生的学习方式、学习兴趣、学风养成、组织观念、纪律观念、集体观念、个性塑造等都会受到班集体影响。实践证明，良好的班集体能激励学生全身心地投入学习，使其不断确立新目标、采取新措施、逐渐养成争先创优的观念，增强不甘落后、力争上游的自信心。

中职学校班级管理工作要以学生为本，民主、科学化管理，明确中职学校的学生在班级中的地位、权利和义务，才能唤起学生的责任感、使命感。让每位中职学生都参与到班级管理中去，充分发挥学生的主体作用，发挥学生的自我管理能力，增强学生自信心，提高积极性和整体素质，才能有效提高中职学校的班级管理效果。

（一）调动学生参与班级管理，增强主人翁意识

作为中职学校的班主任，首先要从思想上提高认识，更新班级管理观念，尊重学生的人格，让每位学生明确在班级中的主体地位、权利和义务。引导学生参与班级管理和目标的制定，增强主人翁意识与责任心，使班级管理目标内化为学生的自觉行动，为班级管理奠定良好的基础。

（二）发挥班团干的作用，形成良好的班级凝聚力

"火车跑得快，全靠车头带"，一支责任心强、乐意为班级做事的班团干队伍对班级凝聚力起着至关重要的作用。为了调控好整个班级管理机制的运转，必须充分发挥班团干的模范带头作用。班主任可以把班级日常工作分成纪律、学习、专业实践、卫生、劳动等几部分，每部分由一位班团干主管。通过这种形式的管理，使学生学会自我管理、自我教育，学生的自强和自尊意识得到了明显的提高。同时也为学生提供了参与管理的机会和条件，促进了班级整体素质的提高。

（三）丰富班级课外活动，培养积极向上心态

班主任根据班级管理目标、学生需要和专业特点，正确引导学生

设计并开展丰富多彩的班级活动。通过主题班会、趣味运动会、手工制作等班级活动，能够加强师生间和学生间的交流，促进学生养成积极的心态和建立良好的人际关系。

（四）建立互助竞争机制，促进学生健康发展

实行互助帮扶活动。平时在班级中开展优等生与后进生结对子帮扶活动，要求一名优秀生帮扶一名后进生，包括思想、学习、专业技能操作、行为习惯等方面。通过开展这一活动，后进生的思想、行为习惯向好的方面得到了转化，专业技能和学习积极性得到提高。

建立竞赛机制，营造竞争氛围。班主任要求每位学生找一名水平大致相当的同学作为竞争对手，主要是从思想上、学习成绩上、专业技能上、文体活动上进行对比、竞争。通过这样做，优秀学生更加优秀，后进生也不甘落后，进步较快，班级中形成了一种健康、积极向上的氛围，使整个班集体充满活力。

（五）拓宽师生沟通空间，建立良好师生感情

作为中职学校的班主任，应加强与学生之间的沟通，建立师生间良好的感情。要把学生看成是有思想、有理想、有技能、有情感的人加以尊重、理解和关爱，用亲切友好的言语、和蔼可亲的笑容去感染学生、激励学生，只有这样才能架起师生之间沟通的桥梁，营造快乐、和谐、充满正能量的班集体氛围。

（六）开展职业生涯教育、就业创业教育，树立正确职业方向

职业生涯教育、就业创业教育是中职学校德育的重要内容，开展职业生涯教育和就业创业教育是中职班级管理的工作特色。中职学校班主任要对学生进行职业生涯教育，这样能使学生在学校期间就能对今后要从事的职业工作有所了解，初步形成个人的职业生涯规划，明确人生的方向。通过开展就业创业教育，让学生了解所学专业范围，了解职业岗位和就业面向，学会撰写个人简历，加强就业面试训练等；通过开展创业教育，使学生了解创业的基本条件、关键环节、主要流程等，培养学生创业精神，同时具备创业者的基本素质。

五、教育教学评价能力

评价是一种价值判断的过程。教学评价是教学的一个重要组成部分，根据一定的教学目标和教学原理，运用切实可行的教学评价方法和手段，对整体或局部的教学系统进行全面考察和科学判断。构建以引领学生发展为目标的多元化、综合性评价机制，重视对学生的学习态度、学习水平、学习行为、学习结果的跟踪评价，更多关注学生在学习过程中增长了什么知识、具备了什么能力、获得了哪些进步，通过评价帮助学生正确认识自我，找出差距，明确努力方向，完成学习目标，不断主动发展，这才是符合现代职业教育发展需要的教学评价。

在传统教学中，人们往往只在教学结束后实施评价，更多地将评价作为衡量学生学习结果并分析学生是否掌握有关知识技能的工具。其实，评价与教学过程和实践学习过程是不可分割的。随着中职教育教学改革和发展的不断深入，在课堂上利用有限的时间对学生的学习做出合理的评价，发挥教学评价的诊断和激励作用，真正做到有效培养学生实践技能和促进学生全面发展，这是每一个从事中职教育教学的教师需要认真思考和研究的问题。

构建崭新的专业（学科）教学评价观，探索具有鲜明特色的专业（学科）教学评价体系，是推动中职学校专业课教学改革创新所要解决的关键问题。实施科学多元的学生学习质量评价制度，加大过程性评价，实现过程性评价和终结性评价的有机结合。创新优化评价内容和形式，重视应用能力和实践能力的考查，让每个学生都有不一样的发展。现代教育的核心理念是"以人为本，一切为了学生的发展"，评价是为了更好地促进学生、教师、学校的共同发展。运用多种评价方法、评价手段和评价工具，综合评价学生在情感、态度、价值观、创新意识和实践能力等方面的进步与变化，把定量评价与定性评价、形成性评价与社会评价等结合起来运用。

在现代职业教育理念上，提出要尊重学生的不同认知起点，关注学生差异与发展，积极唤起学生主动学习的意识，改进中职教育教学评价，应关注学生学习的全过程，全面了解学生的学习状况，才能促进学生更好的发展，为社会培养出更多、更好的高素质技术技能型实用人才。

六、沟通与合作能力

人们在工作和生活之中每时每刻都进行着沟通，以至于大家对于沟通这个概念已经非常熟悉了，但什么是沟通？可能很少有人进行过认真、深入的思考。沟通就是信息（情感、观点、事件等）的流通和传递。作为一名中职教师我们需要与学生沟通，与同行沟通，还要与家长沟通。

（一）建立良好的师生关系

建立良好的师生关系，是教师与学生共同的心愿。苏联的教育家苏霍姆林斯基说过："课堂的一切困惑和失败的根子，在绝大多数场合下都在于教师忘记了上课是学生和教师的共同劳动，这种劳动的成功，首先是由师生之间的相互关系来决定的。"无数的教育教学实践证明，师生关系越良好，教学效果就越好。反之，则越差。因此，建立良好的师生关系在教育教学中具有十分重要的意义。

尊重学生，调动学生学习的自主性。苏霍姆林斯基曾说过："教师的每一次尊重和宽容，都会使学生终生难忘，都会促使他们去思考，在思考中做人，在思考中做事。"要建立良好的师生关系，教师必须首先学会尊重学生。心理学研究表明，人的尊重需要是与生俱来的，而且是相互的。只有教师尊重学生，学生才会尊重教师，甚至产生"爱屋及乌"的积极心理效应，把老师提供的知识作为一种宝贵的礼物来领取，而不是作为一种艰苦的任务去完成。相反，如果教师不尊重学生，势必与学生在心理上产生对立，学生对教师的教学也会产生厌烦心理，在这种关系下的课堂效果是可想而知的。

注重言行，保护学生的自尊心和自信心。在日常的教学行为中，教师必须时刻注意自己的言行。因为有时教师的一句有失分寸的批评，甚至不恰当的表达，都可能会给学生造成心灵上的伤害。

鼓励学生，激发学生学习的兴趣和信心。鼓励是一种教学管理艺术，也是一种教学调节手段。适时而恰当的鼓励能使学生进一步认识到自己的潜能，增强学习的信心。实践证明，在教学过程中采用"鼓励+希望"的做法，效果颇佳。学生从老师的评价中既看到了自己的闪光点，也找到了自己努力的方向，而且能够感受到老师对自己的热心关注和真诚期盼，从而对学习充满兴趣和信心。

师生携手，共建师生之间的"情感课堂"。现代教育理论告诉我们：知识与技能，过程与方法，情感、态度与价值观是学习的三要素。其中，起主要作用的是师生关系中的互动情感因素。为什么许多学生学习总是处于被动，找不到乐趣，不断地产生"学困"甚至厌学呢？究其原因，在这些学生眼中，知识是枯燥的，课堂是乏味的，师生间是冷漠的。要解决此类现象，就需要师生携手共建"情感课堂"，促进良好师生关系的形成。

（二）与同事合作交流

教师之间要加强业务合作交流，通过集体备课，互相听课得到更多的启发，促进专业能力的提升。与学生一样，教师之间在知识、智慧水平、思维方式、认知风格等方面也存在重大差异，即使是教同一课程的老师，在教学内容处理、教学方法选择、教学整体设计等方面的差异也是明显的，这种差异就是一种宝贵的教学资源。通过教师与教师之间的思想碰撞，能产生新的思想，使原有观念更加科学和完善，有利于达成教学目标。

（三）与家长沟通合作

作为一名教师，与同事、学生、家长打交道成了我们每天的必修课，学会沟通，才能构建和谐的工作和学习环境，而其中，最难把握的是与家长的沟通。与家长沟通要掌握策略，也要注意语言技巧。

（1）做一个耐心的倾听者。教师要做一个耐心的倾听者，谦虚诚恳地听取家长的意见，会让家长感到自己很受重视。即使是一个满腹牢骚、不容易接近的家长，在一个具有耐心、同情心且善于倾听的教师面前，也常会变得通情达理。

(2)与家长换位思考。教师要学会换位思考,当家长遇到问题或困难时,教师一定要从家长角度考虑如何帮助他们,寻找让家长能够接受的解决问题的方法或途径。教师在说明孩子存在的问题时,不要指责因为孩子的问题,给教师教学工作、管理工作带来多少不便,招来多少麻烦,给其他孩子造成伤害或有不好的影响等等,而是要站在家长的立场上强调孩子的缺点对他自身未来的发展有什么负面影响,让家长感觉到教师的目的是为孩子着想,而非一切都是为了教师工作上的便利。

(3)尊重家长,平等对话。家长和教师的地位是平等的,我们教育工作者要尊重家长的人格。尊重别人是自尊的表现,也是得到别人尊重的前提。正如常言所说:敬人者,人恒敬之。在处理孩子的问题上我们应该多提建设性的意见,而不是居高临下。教师自己都做了哪些工作,取得了什么成效?要先跟家长交流,然后再提出需要家长从哪方面配合。

七、教学研究与专业发展能力

教学研究与专业发展的能力是每位中职教师必备的基本能力。时代的发展催生着新的教育角色的产生,教师已从传授某一固定学科知识或某一特定岗位职能的"教书匠"向具有一定的发展和科研能力的"研究者"转变,中职教师开展教学研究是进行专业发展的重要途径。《中等职业学校教师专业标准(试行)》中指出,中职教师应"主动收集分析毕业生就业信息和行业、企业用人需求等相关信息,不断反思和改进教育教学工作。针对教育教学工作中的现实需要与问题,进行探索和研究。参加校本教学研究和教学改革。结合行业、企业需求和专业发展需要,制订个人专业发展规划,通过参加培训和企业实践等多种途径,不断提高自身专业素质。"

(一)掌握行业信息

中职教师应理解和分析本校所设专业涉及的社会职业,了解和分析这些职业所涉及的行业,了解这些行业的现状和发展及其用人需求，初步掌握这些行业在本区域用人单位的情况。主动收集毕业生的相关信息，主要包括就业单位、工作岗位、职业发展等。通过掌握毕业生就业的相关信息，不断开展教学改革，调整教学内容和教学形式，使教学更加适应用人单位的需求，并通过分析掌握就业及行业、企业信息，发现自身知识与能力方面的不足，通过学习培训或企业实践活动，实现自身专业发展。

(二) 进行教学研究

教学研究主要针对教学实践工作、教学理论和教学管理政策等方面进行。其中，教学实践工作的研究主要是日常教学工作经验的总结和归纳，对教学日常工作所遇问题的探讨，以及对教学发展专题工作的研究；教学理论研究主要是在实践研究的基础上发展原有理论或形成新的理论；教学管理政策方面的研究则是对各级教学主管部门制定的教学政策进行。中职教师侧重于对教学实践工作的研究。通过教学研究，可以及时总结在教育教学过程中取得的成绩与存在的不足，对相关问题进行反思，提炼并形成规律，指导实践行动。同时学习新知识和他人的优良经验，使自身不断积累和提高。

(三) 制订专业发展规划

中职青年教师职业生涯规划是指中职学校青年教师的职业素质、能力、成就、职称等随时间轨迹而发生的变化过程及其相应的心理体验与心理发展历程。中职教师通过深入了解分析行业信息，结合行业需求及学校发展的实际情况，分析个人成长的优势与不足，制订个人的专业发展规划，明确不同时期的发展目标，针对个人专业发展规划中的目标任务，通过专业培训和企业实践等形式，不断提高自身的专业素质，实现专业发展。

第三章 县级职业教育中心教师专业发展的影响因素

教师的专业发展实际上是教师个体与周围环境相互作用的结果，因此，对其产生影响的既有外部因素，也有内部因素。外部因素包括社会经济文化发展水平、国家和地方的教育政策、学校的物质条件和管理文化、所处人群环境、家庭以及无法预测的偶然事件等。内部因素主要是指教师自身的认知与实践能力、自身的价值观念与取向、自身的身体与心理素质等。教师专业发展是各方面因素综合作用的结果。其中，内因是根据，外因是条件，外因通过内因而起作用。所以，在教师专业发展中应该强化自主发展，因为教师才是专业发展的主体，但同时不能忽视外部条件的创设，尤其是学校的物质条件和管理文化以及教师群体氛围的创设。

第一节 影响教师专业发展的外部因素

影响教师专业发展的外部因素很多，主要从教育政策、学校的物质条件、学校管理文化和团队环境等几个重要方面来讨论。

一、教育政策

教育政策是国家和政府制定的用于调整教育领域社会问题和利益关系的公共政策，是为实现一定历史时期的教育任务而制定的行动依据和准则。教育政策可以体现出国家乃至地方对教育事业的关注，以及社会对教育的重视和对教师尊重的程度。教育政策可以渗透到社会和教育活动的各个领域，发挥着指导作用，并深刻影响着教师的生活和工作质量。合理的教育政策有利于调动教师的积极性，有利于教师树立崇高的教育理想，是教师专业成长的重要保障。同时，合理的教育政策也会加大教师职业的吸引力，使更多优秀人才进入教师行列。反之，不合理的教育政策不但会打击教师的积极性，还会阻滞教师的专业发展，影响整个教育事业的发展进程。

二、学校的物质条件

学校的物质条件为教师专业发展提供物质基础，如学校的建筑物布局是否合理、功能是否齐全、校园环境是否优美等，这些都会对教师的专业发展产生潜移默化的影响。尤其是以现代教育技术、信息技术为标志的硬件条件，对现代学校中的教师专业发展会产生重要的影响。

三、学校管理文化

与物质条件相比，学校精神层面的管理文化显得更为重要。其中，校长的作用是至关重要的。校长能否站在教师成长与发展的角度制定科学、民主的决策，能否营造轻松和谐的管理氛围，能否创造民主平等、互相合作、共同发展的新型管理关系、变管理为服务，都是影响教师专业发展的重要因素。

四、团队环境

这里的团队环境指教师在学校团队中的交际环境，主要包含教师与管理者（主要指校长）的关系、教师与教师的关系、教师与学生的关系三方面。教师与管理者（主要指校长）的关系主要表现为教师希望个人得到发展，校长能给教师尊严、助教师发展、使教师幸福；教师与教师之间的关系在很大程度上影响着教师专业发展，教师与教师之间能否有共同的愿景、能否团结合作、能否互帮互助、能否有凝聚力和战斗力，都是影响教师专业发展的重要因素；师生关系是教育教学环境中最基本的人际关系，良好的师生关系不仅能够促进学生的发展，更能激励教师不断地丰富、完善自己的专业素质和能力，即所谓的教学相长。反之，如果师生关系不和谐，教师有时会产生挫败感，对教育教学失去信心和兴趣，继续发展的动机与愿望受到一定的影响。

上面提到的几个因素，尤其是后两个，校长在其中大有可为。如何打造学校人本文化，如何创设良好的物质人文环境，如何打造共同愿景凝聚人心，如何激励教师主动发展，都是摆在校长面前的重要问题。

第二节　影响教师专业发展的内部因素

一、自身的发展动机

教师专业发展动机是教师在自我调节作用下，使自身的内在要求与外在诱因相协调，从而激发职业行为的心理状态和意愿。专业发展内在动机是促使教师自我更新的动因，是导致教师专业持续变化的自我更新机制。从根源上讲，教师专业发展内在动机源自教师专业自我超越的本能需要，源自教师希望自己能够胜任教育工作的发展性需要。做教师就要做一名好教师，这是每一个为师者的自身诉求。教师的专业发展内在动机具体现为教师的专业成就感与专业效能感，根源于每一个教师作为"人"的成就动机与自我实现动机。教师专业发展动力的大小来自其专业追求的高度，来自社会对其专业发展成就的不断反馈。当一名教师具有强烈的自我成就感与自我效能感时，他的专业发展目标就会逐渐被推高，使教师专业发展的内在动机日益强大。因此，可以说，教师专业发展内在动机的动力源就是其对自身专业发展水准的不满足感与超越自己专业发展目标的渴望。

二、自身的认知能力

认知能力是指人脑加工、储存和提取信息的能力，即人们对事物的构成、性能、与他物的关系、发展的动力、发展方向以及基本规律的把握能力。它是人们成功地完成活动最重要的心理条件。知觉、记忆、注意、思维和想象的能力都被认为是认知能力。教育教学是项极其复杂的认知活动，认知能力是教育教学能力的核心成分之一。认知能力对教师的教学效能产生重要影响，对教师机智的形成与发展也至关重要。我国教师专业标准特别强调一个基本理念——终身学习：学习先进教育理论，了解国内外教育改革与发展的经验和做法，优化知识结构，提高文化素养，具有终身学习与持续发展的意识和能力，做终身学习的典范。由此来看，教师要实现专业发展，必须善于学习，具有很强的认知能力，否则，必然会被教育改革与发展所淘汰。

三、自身的实践（专业）能力

教育教学本身是一种复杂的实践活动，需要很强的实践能力，即专业能力。教师的专业能力是指教师在教育教学活动中形成并表现出来的，直接影响教育教学活动的成效和质量，决定教育教学活动的实施与完成的某些能力的结合，是教师专业素养的重要组成部分。教师的专业能力包括教学设计、教学实施、班级管理与教育活动、教育教学评价、沟通与合作、反思与发展等能力，在很大程度上决定着教师专业发展的能力和水平。我国教师专业标准特别强调了这一能力，将其作为专业标准的基本理念之一，即能力为重：把学科知识、教育理论与教育实践相结合，突出教书育人实践能力；研究学生，遵循学生成长规律，提升教育教学专业化水平；坚持实践、反思、再实践、再反思，不断提高专业能力。教师专业发展的主要内容之一就是不断提高专业能力，而要达到这一目的，具有很强的实践（专业）能力是必不可少的前提条件。可以说，专业能力既是手段，也是目的。此外，丰富扎实的专业知识和健康的身心素质，也是影响教师专业发展的重要因素。

第二部分

现状与发展思路

县级职业教育中心教师专业发展有其特殊性，介绍县级职业教育中心是为了阐明在此背景下县级职业教育中心对教师专业发展的不同需求。

中等职业教育的主阵地在农村，农村职业教育的主要办学方式是县级职业教育中心，通过整合资源成立的职业教育中心，有其产生与发展的历史背景。县级职业教育中心发展的历史很短暂，从产生到发展壮大的今天，经历了发展、低谷、壮大的历程。分析县级职业教育中心发展的现状，探寻县级职业教育中心发展的思路，是发展县级职业教育中心、服务三农、助力国家乡村振兴战略的重要途径。

参照全国中等职业教育教师专业发展的数据，通过我区部分县级职业教育中心有关调查数据的分析，深入了解我区县级职业教育中心教师专业发展的现状，剖析其内在原因及其发展特点，梳理出县级职业教育中心教师专业发展的思路，为找到县级职业教育中心教师专业发展的途径提供基础依据，解决县级职业教育中心可持续发展的重要策略。

第四章 县级职业教育中心教师专业发展的背景

　　县级职业教育中心是 20 世纪 80 年代末至 90 年代初由河北省首创的一种新型的职业教育办学模式，由于它打破了原有职业教育体制的束缚，有力地推动了河北省农村职业教育的迅速发展，并得到了国务院有关领导和国家教委、农业部①等部门的高度评价和积极倡导。全国许多省、市、自治区也陆续借鉴其经验发展本地的农村职业教育，因而成为我国职业教育体系中的一个重要类型。

　　县级职业教育中心发展的历史很短暂，至今也就二十多年。从产生到发展壮大，经历了发展、低谷、壮大的历程。本节内容主要是在由河北省职业技术教育研究所张志增老师主持的全国教育科学"十五"规划重点课题《新形势下县级职业教育中心办学模式与人才培养研究》的基础上，参考众多有关农村职业教育发展的研究及笔者所在县级职业教育中心的发展情况整理而成。本章内容从职业教育中心的产生说起，了解其发展历程和办学特色，分析目前的困境和今后的出路，以及对现阶段职业教育中心发展的指导意义。

第一节　县级职业教育中心概况

一、县级职业教育中心的产生与发展

　　我国县级职业教育中心产生于 20 世纪 80 年代末，是当时在"农

---

① 农业部：今为农业农村部.

科教统筹"思想指导下,由河北省首创的一种农村县办职业教育新模式。它融职业高中、技工学校、农民中专、卫生学校等原有职业学校于一体,集人才培养、技术推广、生产示范、社会服务为一身;实行政府统筹、部门联办的办学体制,强化综合性、多功能的办学特点,以此达到理顺农村职业教育管理体制,优化农村职业学校的资源配置,提高农村职业教育规模效益的目的。回顾县级职业教育中心的发展历史,客观分析县级职业教育中心目前面临的问题与挑战,理清发展思路,对带动新时期县级职业教育中心的发展有着重大意义。

(一) 县级职业教育中心产生的背景

党的十一届三中全会以后,由于家庭联产承包责任制的实行,广大农民从事生产的积极性和学习、运用科学技术的自觉性空前高涨。1985年,中共中央颁布的《关于教育体制改革的决定》指出,"社会主义现代化建设不但需要高级科学技术专家,而且迫切需要千百万受过良好职业技术教育的中级、初级技术人员、技工和其他受过良好职业培训的城乡劳动者"。

1987年,国家教委和河北省人民政府决定实施以"教育必须为社会主义建设服务,社会主义必须依靠教育"为指导思想的农村教育改革实验,并取得了可喜成效。之后,河北省决定在50个县、250个乡实施"燎原计划",推广农村教改实验区,全省农村教育改革实验步伐迅速加大,农村职业教育发展迅速,到1990年,全省仅教育部门管理的农业中学和职业中学就招生5.5万人,在校生达12.7万人,是1978年的23倍。但是在农村职业教育取得显著成绩的同时,一些问题也开始暴露出来,最为突出的就是由于办校点多,布局分散,条块分割,各自为政,办学效益较差。据1989年统计,当时全省139个县(市)共办起各类中等职业技术学校1 297所,平均每县(市)9所,有农业中学、农广校、卫校、技工学校、商校等。这些学校规模很小,有的在校生不足100人。因为规模小,利用率低,造成了人力、物力和财力的严重浪费。再者,专业设置重复以及后续投入不足,严重影响了农村职业教育的进一步发展。如何提高职业学校办学效益，塑造职业教育良好形象，成为摆在河北省农村职业教育发展面前的首要问题。

(二) 县级职业教育中心的产生

1988年，河北省教委提出建设综合职业技术学校的理论及实验方案，决定在获鹿县（今为鹿泉市）进行试点。1989年7月，在国家教委的指导下，获鹿县根据地方经济发展对职业技术人才的需要，在县委、县政府的不懈努力下，实行"农科教统筹"，用不到一年的时间，初步建成了一个占地580亩①，建筑面积10 000多平方米的综合职业技术学校，通过整合资源，把原来国家投资分散办学的农业中学、职业技术中学、农民中专、技工学校、农业广播电视学校等，集中起来，实行"政府统筹、部门联办、教委协调、一校多制"办学体制，形成了拥有10个专业，7个实验场所，20个教学班，在校生1 000多名的综合职业技术学校。

学校紧紧围绕当地经济办学，为获鹿的经济腾飞立下了头功。县钢铁公司扩大生产规模，急需生产骨干，学校就开办了冶金、轧钢两个专业，学生毕业，工厂改造完成，开工生产，钢铁公司实现腾飞；县旅游事业发展快，学校就开设旅游专业，随着技术进步和生产发展，不少企业包括乡镇企业购置了微机，苦于没有操作人员，学校及时开办了微机专业，解决了企业的燃眉之急。

获鹿县这一做法，原国家教委领导给予高度赞许，两次视察并对该校题词，县级综合职校经过一年多的试办运转，取得了显著成效。

1991年，在河北省职业教育工作会议即将召开前的一次省长办公会上明确决定：加强政府统筹，提倡一个县集中力量办好一所综合职业技术学校。当时的河北省领导强调："职业技术学校这个名字要改。我们许多同志多年来形成一个思维定式，一提学校二字，就是教育部门的事，这次我们不叫学校，就叫中心。我们要把它办成全社会的中心，办成经济中心、人才中心、科学实验和科技推广中心、文化中

---

① 1亩=666.7平方米.

心。"职业教育中心这个响亮的名称就这样被确定下来。作为教育改革试点成功范例的获鹿县综合职业技术学校成了我国第一个职业教育中心。县级职业教育中心的办学模式在河北省正式定型和定位,在一些全国性和国际性的学术会议上,河北省的县级职业教育中心被称为"河北模式"。

(三) 县级职业教育中心的发展

1991年4月,河北省政府召开全省职业教育工作会,决定推广获鹿县经验,在全省分期分地建设县级职业教育中心,并于同年7月下发了《集中力量办好一批职业技术教育中心的通知》,要求打破界限,在已有各类职业技术学校中,选择条件好、占地多、积极性高的学校为主体,合并其他职业技术学校,统一使用教师、校舍、实习场地及教学仪器设备,坚持"政府统筹、部门联办、教委主管、各尽其职、隶属不变、一校多制"的原则。可挂几块牌子但必须由一套班子统一管理。

1991年10月,国务院印发了《关于大力发展职业技术教育的决定》;1993年2月,中共中央、国务院颁布《中国教育改革的发展纲要》,对职业教育提出了一系列要求;1993年3月9—12日,中共中央政治局委员、国务委员李铁映带领国家教委、人事部、劳动部的有关领导,视察了获鹿等11个县市职业教育中心。李铁映在对河北职业教育中心考察结束后指出:河北省教育事业的发展与改革出现了新形势,其标志就是职业教育中心建设体现了职业技术教育发展的新路子,开创了一种新型的办学模式,实现了"农科教统筹"在农村的结合,探索出了职业技术教育通向农村使农民能够迅速致富奔小康的模式和路子,这是农村教育改革的重大突破。这就是当时被赞誉的"河北模式""河北特色",是中国职业教育史上的亮点。

自20世纪90年代以来,河北省职业教育中心建设全面铺开,截至1995年年底,河北全省建成职业教育中心138所,基本实现了每个县(市)建有一所综合性多功能职业教育中心的目标,至1997年在校生人数达23.81万。河北省县级职业教育中心建设和办学规模发展之迅速,成效之显著,全国瞩目。在河北省的引领下,全国的职业教育中心呈现出一片蓬勃发展之势。

然而，职业教育中心建成不等于办好，建成已是不易，巩固更难。职业教育中心发展会受到经济状况不景气和教育结构失衡等外在因素的制约，也会因为中心本身的深化改革、内涵建设跟不上而滑入低谷。1998年，东南亚爆发金融危机，造成我国出口业严重受挫，很多企业实行"减员增效"策略，导致就业市场疲软，加之国家当年开始取消中专"转户口""包分配"等特殊政策以及实行"高校扩招"等原因影响，各地中等职业学校普遍出现"就业难""招生难"困境，而职业教育中心尤甚。加上部分职业教育中心后续投入不足，只重规模不重质量，设备陈旧、专业教师短缺、声誉不佳，以致出现"大房子、空壳子"现象，一些底子弱、根基浅、内涵差的职业教育中心濒临存亡或转制的边缘，中等职业教育一度滑入低谷。

进入21世纪之后，受全球经济大环境的影响，国家重视职业教育，职业教育又迎来了发展的春天。2002年8月24日出台《国务院关于大力推进职业教育改革与发展的决定》；2003年9月，国务院在北京召开全国农村教育工作会议，会议明确提出了坚持为"三农"服务的方向，大力发展职业教育和成人教育，深化农村教育改革，加强"农科教统筹"和"三教统筹"；2004年，国家发改委和教育部提出实施"推进职业教育发展专项建设计划"，决定连续四年投入专项资金，重点用于县级职业教育中心建设，支持1 000个职业教育中心的建设，以带动全国每个县建设好一个高质量的职业教育中心；2005年11月9日《国务院关于大力发展职业教育的决定》（以下简称《决定》）明确把职业教育作为我国经济社会发展的重要基础和教育工作的战略重点，尤其是2005年实施《决定》以来，把优先发展中等职业教育，加强县级职业教育中心建设放在了更加突出的位置，并取得了突破性的历史成就。至2008年，全国中等职业学校（包括普通中专、职业高中、成人中专和技工学校）共有14 800所，比改革开放初期增加了3.19倍；年招生规模达到812万人，增加了11.57倍；在校生达到2 087万人，增长16倍多；高中教育阶段毛入学率增长

74%,实现了中等职业教育与普通高中教育招生规模大体相当的规划目标。2010年,国家教育部又出台了《国家中长期教育改革的发展规划纲要》,提出了加快农村职业教育的发展,加强县级职业教育中心的专业建设,改革招生和教学模式,提高职业教育服务"三农"的能力。目前,全国县级职业教育中心数已超过2 200个。

2017年10月召开的党的十九大是决胜全面建成小康社会、夺取新时代中国特色社会主义伟大胜利的关键时期召开的一次十分重要的会议,会议做出了中国特色社会主义进入新时代的科学判断。县级职业教育中心是职业教育的重要基础,是中国特色社会主义事业的重要组成部分,也进入了新时代。党的十九大报告指出:"建设教育强国是中华民族伟大复兴的基础工程,必须把教育事业放在优先位置,深化教育改革,加快教育现代化,办好人民满意的教育。""完善职业教育培训体系,深化产教融合、校企合作。""建设知识型、技能型、创新型劳动者大军,弘扬劳模精神和工匠精神,营造劳动的社会风尚和精益求精的敬业风气。"党的十九大提出的一系列新判断、新要求、新部署,是指导职业教育阔步迈向现代化重要纲领。继党的十九大提出实施乡村振兴战略之后,中共中央于2017年12月召开了全国农村工作会议,习近平发表的重要讲话中指出把农业放在重中之重的位置,切实把农业农村发展落到实处,会议要求,举全党全国全社会之力,以更大的决心、更明确的目标、更有力的举措推动农业全面升级、农村全面进步、农民全面发展,谱写新时代乡村全面振兴新篇章。县级职业教育中心与农业、农村和农民工作密切联系,是实施乡村振兴战略的一支重要力量,是为解决"三农"问题提供人才支撑的重要载体。

2018年1月,全国县级职业教育中心新时代振兴发展研讨会在河北石家庄召开。1月7日,由河北师范大学河北省职业技术教育研究所主办,中国职业教育技术教学教育学会、中国成人教育协会共同支持指导的全国县级职教中心新时代振兴发展研讨会在我国县级职业教育中心发源地——石家庄鹿泉区顺利召开。会议以"新时代、新使命、新征程"为主题,通过专家报告、经验交流等形式,总结近年来各地县级职业教育中心转型发展成功经验,分析新时代我国县级职业教育中心的重要地位和历史使命,研究新时代我国县级职业教育中心面临的新形势、新目标、新问题。与此同时,研讨会组织成立了全国县级职业教育中心联盟,并通过了联盟章程。联盟的成立,围绕国家乡村振兴战略和区域协调发展战略,对探索和创新农村职业教育改革发展之路,具有十分重要的意义。

广西作为中国的一个西部地区、边境地区、经济欠发达地区,地方经济财力有限。2005年,国务院颁布了《国务院关于大力发展职业教育的决定》,广西各地把多头、分散办学的县级中专、技校、家校集中起来,每县成立一个职业教育中心,统一管理,实现对当地职业教育资源的整合与利用。2007年,广西组织实施职业教育三年攻坚工程以来,广西县域职业教育取得了长足发展,培养了大批技术技能人才,为提升劳动者素质、推动地方经济社会发展和就业做出了积极贡献。2014年,为贯彻落实《中共广西壮族自治区委员会广西壮族自治区人民政府关于加快改革创新全面振兴教育的决定》(桂发〔2014〕2号)和《广西壮族自治区人民政府关于贯彻〈国务院关于加快发展现代职业教育的决定〉的实施意见》(桂发〔2014〕43号)精神,广西出台了县级中等专业学校综合改革实施方案,全面启动县级职业教育的综合改革,实施的当年,全区县级职业教育中心的招生规模明显扩大,办学体制改革取得明显突破。至2017年,广西基本形成了"各具特色、多元立交、产教融合、适应需求、充满活力"的县级职业教育发展新格局。今后县级职业教育中心将成为我区现代职业教育体系的重要支撑力量。

二、县级职业教育中心的定位与职能

县级职业教育中心是在大力发展职业教育、深化农村教育改革实践中,形成的一种中等职业教育办学形式,其核心是政府统筹,整合县域内各类职业教育资源,适应农村经济发展的需要。在服务乡村振兴战略、适应发展的进程中,要不忘初心,牢记县级职业教育中心使命,明确县级职业教育中心的定位与职能。

(一) 县级职业教育中心的定位

职业教育的功能和特色，决定了职业教育是多层次、复合性的教育。县级职业教育中心之所以叫职业教育中心，是因为职业教育不是单靠教育部门一家举办的教育，必须实行政府统筹，多功能并存。

当前全国各地的县级职业教育中心有四种类型：一是办学实体，属学校范畴，是县域内从事职业教育和职业培训的机构，其中有很大一批实施中等职业学历教育，有的甚至完全以升学为导向；二是管理机构，属于行政管理机构的范畴，负责管理县域初等和中等职业教育学校，类似于教育局的职业教育科；三是松散组织，县级职业教育中心既不属于学校范畴，也不属于行政机构范畴，而是一个松散的联合组织，类似于职业教育集团；四是综合机构，县级职业教育中心既是办学实体，又受政府委托具有一定的管理和统筹职能，是一个建立在学校实体基础上和政府领导下的县域职业教育统筹和实施机构，既负责职业学历教育和职业培训，也开展农业技术推广、科学实验、示范县生产经营活动等。多数职业教育中心属于第一和第四种类型，少数属于第二和第三种类型。根据县级职业教育中心二十多年来的发展经验，第四种类型，即综合型的县级职业教育中心是县域职业学校改革发展的方向，也是其他类型县级职业教育中心未来发展模式和趋势。

对县级职业教育中心的定位，首先要明确办学方向的定位、培养目标定位，明确是以学历教育为主，还包括了学历、非学历教育等多种形式并存。其具体应包括学校经营方式定位、专业发展与方针定位、服务行业与企业定位以及生源市场定位、服务区域企业与行业的定位。学校有了明确的定位之后，才能明确自身的发展策略。综合县级职业教育中心发展二十多年的经验积淀，县级职业教育中心的定位概括为以下几个方面。

1. 坚持政府统筹

县级职业教育中心管理要遵循"在国务院领导下，分级管理、地方为主、政府统筹、社会参与"的管理体制要求，进一步建立健全管理体制，进一步明确各级政府发展县域职业教育的责任，调动省、市、县三级地方政府发展县域职业教育的积极性和自觉性。一是省级政府统筹，把县级职业教育中心的规划纳入省经济社会总体规划，把县级职业教育中心的发展纳入省对县级党政实绩的考核，制定政策体系，指导资源整合，强化省级财政对县级职业教育中心的转移支付力度，加强督导；二是地市级政府统筹，统筹规划区域内县级职业教育中心的发展，统筹学校布局和专业建设，突破职业教育发展的体制障碍，实现区域内职业教育中心的优化组合；三是强化县级政府的责任，建立健全县级政府统筹职能和相关机构，理顺相关部门职责，统筹整合好县域的各类教育资源，并建立政府相关部门的目标考核制度，统筹和支付各类培训的财政性经费，充分保障县级职业教育中心办学自主权。

2. 坚持服务县域经济和社会发展

县级职业教育中心要树立"立足本地，为经济建设、社会发展和提高劳动者素质"的意识，坚持以服务为宗旨，以就业为导向。把培养目标定位在更多地为乡镇企业、民营企业、农民家庭生产经营和学生个人创业的服务上，从学生就业出发，与本区域内的行业、企业等形成良好的沟通互动，有前瞻性和针对性地培养区域内所需人才。首先是把专业设置作为职业教育中心为经济服务的切入点，依托当地主导产业、传统优势产业，培植骨干特色专业；瞄准产业结构调整变化趋势，结合地方资源优势努力开发新专业；对专业知识要求高、技能性强的专业，应突出岗位特色，强化职业能力培养；对技能含量较低的专业，要适度拓展专业内涵，拓宽专业口径，注重培养"一专多能"的复合型人才。此外，县级职业教育中心还要充分利用学校师生群体的知识、技术优势与开发能力为社会、企业服务，给社会、企业等提供智力上的支持，更为重要的是，学校通过服务提高了自身的能力，在服务县域经济发展的过程中，实现了政府、学校、学生、企业、社会的多赢局面。

3. 坚持资源整合

政府统筹下的县级职业教育中心要发挥统筹管理作用，对区域内的教育资源进行整合，主要包括对学校、设备、专业、课程、师资、信息等多方面的整合，最终实现对区域内职业教育资源的优化配置，即根据学校的总体发展战略和社会需求对相关资源重新配置，提高区域内职业教育资源的利用率，最大限度降低资源浪费。如可以优化职业教育资源，建设县、镇、村三级劳动力储备、培训、就业的信息网络；整合职业教育资源，以职业教育中心为龙头，把职业教育培训和扶贫培训、返乡农民工培训、农村劳动力转移培训、产业工人培训、农村党员培训、阳光工程、温暖工程等结合起来，提高劳动力的素质和就业能力；将学校的实训基地与企业的车间进行整合，将学生的实训改为车间的顶岗实习，既避免了学校对实训基地的管理投入，节约了学校的资源，又帮助企业节省了职前培训时间，供给了人力资源。

4. 坚持面向就业，兼顾升学

促进农村劳动力的就业不是职业教育中心的唯一目标，但无疑是首要目标。"职业教育发展的活力和动力取决于能否坚持以就业为导向。职业教育的落脚点是培养适应经济社会发展需要的实用人才，为就业服务是职业教育的目标定位，这是当前职业教育中心需要把握住的根本原则。"[1]县级职业教育中心必须坚持就业技能教育的办学方向，立足于培养中初级技能型人才，走"教产合一"的办学路子；加强职业指导和创业教育，提高受教育者的综合职业能力；同时，作为农村中等职业学历教育的主体，还要照顾到农村家长望子成龙、望女成凤等光宗耀祖的传统情怀，让学生多渠道成长、成才，让有升学需求的优秀中职生通过对口考试升读本科院校或高职学校，这也为我们中等职业教育的学子们搭建了一条人才成长的立交桥，为中等职业教育打开一个向上透气的"天窗"。

5. 坚持中等职业教育主体地位

目前我国仍处于社会主义初级阶段，经济的发展水平和穷国办大

---

[1] 李守信. 加强县级职教中心建设，加快职业教育发展步伐——在全国县级职教中心改革与发展座谈会上的发言[J]. 中国职业技术教育，2005 (19)：.

教育的实际决定了我们的教育发展必然是低重心的。今后一个时期，农村教育的工作重点就是要基本普及高中阶段教育，这是农村教育发展的一个总体目标，也是农村中等职业教育与普通高中教育应该共同担负的历史任务。中等职业教育在相当长的一个时期内仍是以农村职业教育的主体，县级职业教育中心则是提高农村劳动者素质，实现农村普及高中阶段教育的主要途径。

(二) 县级职业教育中心的职能

县级职业教育中心是我国职业教育体系当中的重要组成部分，是改革开放以来我国职业教育改革发展的伟大创举，是发展农村职业教育的重要组织形态和有效形式，是农村教育的一个重要类型，是实施乡村振兴战略，解决"三农"问题的重要抓手。县级职业教育中心发展二十多年来，在农村经济发展和精神文明建设、促进就业创业、加快城镇化发展、扶贫攻坚等方面发挥了重要作用，是职业教育服务乡村经济社会发展的重要阵地，在我国农村地区发挥着培养地方实用技术人才，服务县域经济发展等多种多样的职能作用。

从功能的角度看，主要体现在这三个方面：一是为农村剩余劳动力转移提供培训服务，提高转移水平及效率；二是为留守农民提供多方面的职业教育与培训服务，如农业技术推广、创业培训、农业经纪人培训等；三是为农村适龄人口提供进入高等教育的机会，即目前县级职业教育中心的学历教育主体功能。从系统方法论的角度看，县级职业教育中心职能包括学历教育、职业资格教育、科技研发与转化、文化传承、职业素养塑造与职业生涯教育、招生与就业、课程与专业建设、校企合作等。

现在县级职业教育中心的职能取向有了新的变化，主要是由过去强调服务经济向自我发展转移，由自发的职能向自为的职能演进，由围绕规模发展向内涵式发展转变。但是，目前职业教育中心还存在升学与就业职能上的偏失，内部职能机构尚不够健全，基本资源条件有待加强等问题。在以后的发展中，职业教育中心应突出职业教育的职能而不仅仅是教育的职能。

根据县级职业教育中心新时代的历史使命和新要求，不仅要承担对后备职业的准备教育，还要在普及高中阶段教育中发挥作用，承担起就业、升学、公民素质提高等多种功能，促进受教育者的全面发展，其具体职能如下。

1. 培养高素质劳动者

培养高素质劳动者是职业教育的基本职能，尽管基础教育、高等教育也具有这个职能，但职业教育在这方面的职能作用是其他教育所不可替代的。

2. 普及教育

要用终身教育的思想深化对职业教育本质特征的认识，丰富职业教育的内涵，强化职业教育在普及教育上的职能。如果没有职业教育，普及高中阶段的教育是不可能的。

3. 为高等职业学校提供合格生源

高等职业教育是一种高层次的职业教育。中等职业教育为高等职业教育输送合格生源，使学生在更高层次上实现就业，这与中等职业教育的培养目标、办学宗旨是一致的。

4. 调节就业

教育是一个缓冲器，它能够延缓就业的压力，但对职业教育来说，除此之外，更重要的是根据人才和劳动力市场的变化及时调整人才培养的专业结构，促进教育与劳动就业的紧密结合。

5. 科学实验和产业带动

职业教育中心的校办产业和实验基地，是农科教结合的重要载体，对推动农业产业化，促进科技成果向现实生产力的转化有着重要作用，能带动地方产业的发展。

6. 开发人潜能的素质教育

职业教育能满足个人求职、谋生和个体发展的要求，能够最大限度地开发人的潜能、特长和创造力，职业教育是发展个人特异才能的最佳途径。

第二节　县级职业教育中心发展的瓶颈问题

县级职业教育中心是职业教育的重要组成部分。尤其是2005年《国务院关于大力发展职业教育的决定》颁布以来，职业教育中心如雨后春笋般出现在神州大地，基本上实现了凡是30万以上人口的县办一所职业教育中心的目标，据不完全统计，目前全国职业教育中心数量已超过了1 800所。但是职业教育中心在短期内的跨越式发展却暴露出诸多问题。

县级职业教育中心的建设资金多由地方政府统筹划拨，中央财政或省（自治区）资金配套支持。各地在大力发展职业教育的战略决策下，各县（市）加大了对职业教育中心基础建设的投入，整合资源、划地建校、购置设备、加强宣传、促进招生等一系列政策相继出台。如在2007年12月，广西出台《全面实施职业教育攻坚的决定》，确定2008—2010年三年为职业教育攻坚年，投入60亿元实施职业教育攻坚工作，例如岑溪市职业教育中心就是在当时地方财政非常艰难的情况下投入1.2亿分三期建成的。至2010年职业教育攻坚进入评估总结阶段，各地中等职业教育，尤其是县级职业教育中心的建设得到了跨越式的发展，实现了历史性的突破。2009年，广西中职招生31.95万人，超额完成教育部下达的31万人的任务，高中阶段招生职普比1.2∶1，在校生73万人。截至2010年8月，广西壮族自治区、市级、县级财政共投入36亿元，用于改善职业学校办学条件、教师素质提升等计划，总投入超过攻坚前20年的总和。

县级职业教育中心从"河北模式"到今天的蓬勃发展，取得了突破性的发展，特别是像广西各地的县级职业教育中心，经过2008—2010年的三年职业教育攻坚，县级职业教育中心办学规模得到了扩大，但从总体上看，多数职业教育中心还没有步入良性循环的轨道，学校的内涵发展和转型升级却遇到了一系列瓶颈问题。

一、发展不平衡

由于外部的人力资源市场需求和自身的人才培养能力不同，县级职业教育中心发展不平衡，有的办学实力越来越强，社会影响越来越大，部分进入了国家中等职业教育改革发展示范校行列；有的招生困难，设施落后，专业师资和实训设备匮乏。从教育思想、学校数量、招生规模、办学设施到专业建设、课程安排、教学质量、管理水平等，东部普遍优于西部。而各地内部也存在不平衡，既有生机勃勃的优质校、重点校，也有一批薄弱学校、问题学校。

二、资源整而不合

县级职业教育中心的定位就是资源整合，优化配置，服务县域经济发展，其最大的特点就是政府统筹、部门联动、多元一体、校长负责。如在资源整合方面，除了一部分整合力度大的县（市）做到有效整合之外，还存在整而不合的现象。有的县级职业教育中心的牌子或机构是立起来了，但好些职业教育中心只是把县域内的职业教育培训资源整合在一起，把县里面的职业中专、技工学校、教师进修学校、农机校或其他部门的培训机构搬进了职业教育中心校区内，而不能真正做到一块牌子、一套班子，导致在职业教育中心内部各学校、机构之间的资源难以调配，人员调动更成问题。随着职业教育发展的利好及县域内经济社会发展的转型与升级，导致出现中心内某些学校招生规模扩大后，想要向中心申请增加校舍或派遣教师却受到中心内其他学校抵制的现象。

三、办学经费不足

首先，县级职业教育中心前期规模发展过程中，已具备较好的硬件条件，但由于学校后续办学经费短缺，致使学校教学设施、实训设备得不到及时更新，办学条件得不到必要的改善，而且要进一步提升学校综合办学实力，实现校园文化的提升，改善学校教学软硬件环境，更是困难重重。甚至有少数地方，国家规定的款项，如企业职工培训费、农业劳动力转移培训费、扶贫项目款和农业科技成果推广经费得不到落实，制约了职业教育中心多功能的发挥，同时也成了职业教育中心后续良性发展的严重阻碍，有的职业教育中心已初步显露"大房子、空壳子"等迹象，不能不令人担忧。

其次，由于学校办公经费短缺，支付不起学校自聘教师及兼职教师的工资薪酬，学校紧缺岗位教师的招聘计划不能实施，教师配备不足，教师结构不合理，直接影响了专业建设、教学质量、管理水平等内涵质量的提升。

最后，近几年，县级职业教育中心得到上级专项资金的支持，多用于示范特色专业及实训基地的建设，但资金的使用缺少有效的论证，只一味地用于设备的采购，在教学改革方面无整体思路，甚至有些学校整体外包，只安心做"甩手掌柜"，资金用了，但效果不好。

四、招生难问题还得不到根本性的解决

县级职业教育中心招生工作的难题还没有得到根本性的解决，学校虽然经过近几年的内涵提升，还有中职升本政策的影响，招生表面出现繁荣现象，但由于学校自身的吸引力还不够，招生难的问题还未得到根本性的解决，主要难处有：一是地方党委政府重视不够，教育主管部门组织不力，缺乏可操作的扶持政策；二是大多数县级职业学校多采取行政手段招生，设立春季期预科班，但管理压力过大，流失十分严重，效果不明显，且负面影响很大；三是城市中职学校和一些民办职业学校通过有偿招生形式，大打生源争夺战，严重影响县级职业教育中心的顺利招生；四是主流教育、传统观念的禁锢，加深了县级职业教育中心的招生难度；五是受当地初中毕业生人数变化影响；六是县级职业教育受普教模式影响，没有形成自身的教育教学管理特色，加之职业学校办学条件相对较差，教学手段落后，教育质量偏低，不能适应现代化教学发展的需要和人才培养的要求而缺乏相应的吸引力。

五、只重规模不重内涵

县级职业教育中心在上级各项指标及地方政府绩效考核制度等政

治因素影响下，只重规模扩大，而不注重内涵建设，学校管理粗放，质量不高，防辍保学压力大，这一点在新成立的县级职业教育中心普遍存在。中心成立初期，资金投入重点放在硬件基础建设方面，又很难做到"软硬兼施"，致使楼房有了学生来了，却缺少教师，兼之新建的学校，绿化美化，校园文化也都是薄弱环节，所以有些职业教育中心虽经行政手段招来了学生，但不出两个月就流失了三分之一甚至更多。内涵建设尤其是师资队伍的建设是职业教育中心良性持续发展的生命保障。没有一支乐于奉献，投身于学校专业建设、人才培养模式及课程体系改革、评价体系改革等工作的教师团队，县级职业教育中心内涵建设的转型升级从何谈起，但由于学生人数暴增，教师紧缺，课时多等种种原因，教师在个人专业成长方面得不到长足的发展等等，职业教育中心要走出扩规模、低效益发展困境，举步维艰。

六、教师队伍建设跟不上发展需要

县级职业教育中心师资问题是其发展的最大瓶颈，主要表现：一是数量少，特别是2005年之后，中职招生人数猛增，职业教育中心学生数也急剧上涨，师生比一度增至1∶23，教师奇缺；二是整体结构不合理，文化课教师比重大，专业课、实践指导教师少；三是"双师型"教师严重不足，学历水平、职称、职业资格等还达不到国家规定的设置标准；四是难以聘请高水平兼职教师，职业教育的教师基本上来自于从高校毕业，而受主动权、单位性质、编制及薪酬等因素的影响，职业教育很难灵活自主地根据学校专业课程设置聘请到相关行业上的行家里手参与职业教育；五是在职教师的培训和继续学习在制度上没有得到切实的保障，难以解决教师和学校希望得以定期接受培训和继续学习的迫切要求。此外，职业教育中心教师日常多忙于应付繁重的教学课时任务，根本无法保证正常的教研活动，仍旧习惯于"一言堂"的教学方式，甚至"照本宣科"，只能在黑板上"耕田"，课桌上"修车"。

七、办学质量不能满足市场需求

不研究人力资源市场的需求态势，不了解当地产业结构的变化，不研究各类用人单位的用人信息和农村劳动力易地转移就业、创业的需要，没有按照职业教育的客观规律办学，没有按照社会需要或职业岗位群来设置就业导向的专业班级和课程，片面按照学校自身的设施条件、师资情况等随意设置专业，这些都是目前县级职业教育中心办学质量差，不能满足市场需求的最主要原因。

第三节　县级职业教育中心的发展思路

县级职业教育中心是在一定的历史条件下产生的。县级职业教育中心必须实行政府统筹，要在政府的统一领导下，提高认识，牢记县级职业教育中心的使命，在国家乡村振兴战略这一大环境下，把职业教育中心办成县城内经济、文化、科学实验和推广的中心。

一、县级职业教育中心发展瓶颈的"杠杆解"

为进一步对县级职业教育中心现状加以分析，笔者以其所在县级职业教育中心——岑溪市中等专业学校为例，使用系统思维工具中的"成长上限"与"舍本逐末"等基本模型（下称"基模"）的原理，分别从宏观和微观上对学校发展现状进行分析，找到县级职业教育中心发展瓶颈问题的"杠杆解"。

（1）运用"成长上限"基模，从学校整体发展上进行宏观分析，如图4.1所示。

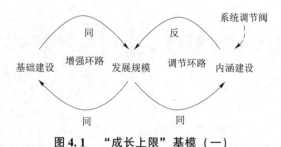

图4.1　"成长上限"基模（一）

图解：图4.1是系统思维中"成长上限"基模。从学校宏观上进行的分析，主要有"基础建设""发展规模""内涵建设"三个元素。

此图以"发展规模"为中心，以"基础建设"与"内涵建设"为两大支撑分成左右两个环路。

学校的整体发展规模离不开基础建设和内涵建设平衡发展，不论过于偏重哪一方面，都会导致整个系统的发展停滞甚至每况愈下。如图4.1中左边的环路，"基础建设"增强，"发展规模"也在增强（上半环是"同"），而"发展规模"增强了，进一步推动"基础建设"（下半环也是"同"），左边的整个环路就处于不断循环上升的状态，所以它是一个增强环路。而这样的一种增强状态是否会有无限的上升空间？

答案是否定的，因为受到右边调节环路的控制。可以肯定的是，左边的增强环路在开始阶段是上升的，但如果没有调节环路的控制，增强环路也不可能无限上升，到一定程度就会原地转圈，停滞不前，原因是受到系统极限的限制，因为任何系统都是有极限的。如果再一味加速的话，就有可能会导致整个系统的崩溃，就如高压锅没有了调节气阀。如果要让系统能良性持续发展，就必须突破系统极限，唯一的方法就是从另一方面寻找突破点。图中从学校的"内涵建设"上找到了调节系统的"气阀"。

学校的"发展规模"增强，学校的"内涵建设"也必须要增强（右边环路下半环是"同"），但受到系统极限的限制，反过来会压制"发展规模"的增强（上半环是"反"），所以它是一个调节环路。

用坐标分析"成长上限"的两个环路如图4.2所示。

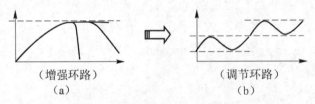

（增强环路）　　　　　　　　（调节环路）
　　（a）　　　　　　　　　　　　（b）

图4.2 "成长上限"基模（二）

其中图4.2（a）中虚线为系统极限，上限压制会产生三种情况：保持、逐渐下降、系统崩溃。图4.2（b）中间的虚线为系统极限，突破该极限后可上升到另一高度。

据以上图解分析，系统在某一时期内可根据学校的发展情况，在系统调节范围内就工作重心作出适当调整，但要在整个大环路（"基础建设与发展规模"或"内涵建设与发展规模"是两个不同的小环路，而"基础建设、发展规模、内涵建设"三者构成的就是一个大环路、一个大的系统）中保持平衡，形成调节环路，系统才能良性持续发展。

利用系统思维工具——"成长上限"基模原理，以岑溪市（县级）职业教育中心为例，进行的宏观分析得出：学校当时所处的困境，是由于发展初期大力推进基础建设加速规模壮大所引起的，要走出困境，当务之急是要转移学校工作重心，从基础建设方面转向学校的内涵建设。但不能矫枉过正，把用于学校规模发展的人力、财力等系统有限的资源全部投入到内涵建设上面来，而应有所偏重，因为学校的基础建设还处于尚未完全成熟的阶段。建议在学校发展立项中增加学校软件建设项目部分，如课程开发、师资队伍建设、校园文化建设等的投入。

（2）运用"舍本逐末"基本模型，从学校内部运作上作微观分析，如图4.3所示。

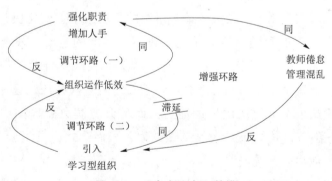

图 4.3 "舍本逐末"基模

图解：图 4.3 为系统思维中的"舍本逐末"基模，它与前面的"成长上限"基模，是系统思维中最基本的系统基模。"舍本逐末"基模：组织一旦出现问题，开始的时候一般不会引起多大的注意，当问题的症状明显时，才会想到如何去解决。而解决问题习惯走两条路：一是走快捷的"症状解"，成本低，见效快；二是走费时耗力、见效慢的"根本解"。解决问题最理想的是一步到位，用"根本解"去消除问题，但问题有其动态性、复杂性。在组织里有时因为要有极高的付出，而避重就轻，采用一些善意的、简便的、立即见效的解决办法。但容易的"解"只能改善症状，即所谓"头痛医头，脚痛治脚"，并不能改变潜在的问题。更有甚者，潜在的问题不但尚未解决，反而更加恶化，但因为症状暂时消失，问题便不再引人注意，使系统因而丧失解决潜在问题的能力。有时，因为"症状解"的屡试不爽，反而产生了对"症状解"的依赖，所以，"舍本逐末"基模也称之为"吸毒者基模"。

比如，在刚发展起来的县级职业教育中心内部运作低效问题上，大多管理者把问题归咎为组织制度不完善、部门职责不分明、人员不够等。于是，下大力气去完善制度改革，规范职责分工，不断增加人手，解决了一时的困境。但职业教育不是普通教育，管理运作中不能用线性思维去考虑问题，招生、课程设置、教学改革、培训、就业都得跟着市场动，变数大。如果一味地在制度改革、部门分工、规范工作流程或增加人手上下功夫的话，组织的行动跟不上变化快，学校就会被层出不穷的问题牵着鼻子走，找不到问题的重心，效率自然就低。如图4.3中"调节环路（一）"，因为它能缓解症状，但会产生副作用，即每次出现的问题都会依赖于临时的解决办法，这样反而会削弱组织从根本上解决问题的能力，而且会愈演愈烈（图中红线的"增强环路"），其结果是大家越做越累，久而久之，员工疲于奔命，组织资源耗尽，系统崩溃。

如何找到这个问题的"根本解"呢？图4.3中所显示导致问题不断加剧的原因是一个"增强环路"，就要从"调解环路"中寻求"杠杆解"。这个"杠杆解"在于组织能变得更轻巧、更灵活地应对各种问题的出现。那么，有什么办法能令组织有此功能，构建"学习型组织"就是解决上述问题的"根本解"。

要操作学习型组织,首先要有一个好的结构,往往我们系统出现问题,毛病多出现在结构上,如非线性的组织管理、扁平化结构。改变传统线性管理模式,职权下放,如在中等职业学校的管理上,实行专业组管理,淡化教学、政教部门的统管职能,两部门正副主任直接分管专业组,负责专业组的发展规划、课程改革及教师专业发展评价等教育教学管理具体工作,把教学教研放到专业组内;同时强化招就(招生就业)部、短训(短期培训项目)部和后勤保障服务部的部门职能,强化部门为专业组服务的意识。学校行政直管或委托分管财务与人事。形成"专业组+管理层"的两层式管理框架,减少中间环节,行政办公室负责专业组及部门间的协调和监督。

其次,学校要尽快导入学习型组织管理思想,构建学习型学校,把学习型组织的五项修炼(共同愿景、团队学习、心智模式、自我超越和系统思维)融会贯通于学校的管理运作中。在新成立的职业教育中心里,由于文化根基浅,要导入一个新的管理理念会相对容易些,关键在于是否能扎实修炼。

学习使用基模,能引导我们更整体性地思考与解决一些实际问题,通过基模的动态走向对县级职业教育中心发展过程中出现的问题进行分析,从而发现其中的因果关系环路,找到解决问题的"杠杆解"。就县级职业教育中心目前情况分析,学校"内涵建设"的重中之重就是促进教师专业发展。

二、依法治教,加强统筹

县级职业教育中心作为农村职业教育的主阵地,是农村职业教育未来发展的方向,符合我国目前县域经济社会发展的实际情况,也是国家乡村振兴战略人才支撑的有效途径。县(市、区)作为国家机构基层基本建制,无论是经济实力还是基础条件都是最薄弱的。"郡县治则天下安",如何真正做到依法治教,加强统筹,是县级职业教育中心可持续发展的前提条件。

《中华人民共和国职业教育法》第六条规定:"各级人民政府应当将发展职业教育纳入国民经济和社会发展规划。"第十八条规定:"县级人民政府应当适应农村经济、科学技术、教育统筹发展的需要,举办多种形式的职业教育,开展实用技术的培训,促进农村职业教育的发展。"把县级职业教育中心纳入县域经济社会发展和产业发展规划,促使职业教育中心的办学规模、专业设置与经济社会发展需求相适应。县级职业教育中心管理要遵循"在国务院领导下,分级管理、地方为主、政府统筹、社会参与"管理体制要求,进一步建立健全管理体制,进一步明确各级政府发展县域职业教育的责任,调动地方各级政府发展县域职业教育的积极性和自觉性。

(一) 加强省级政府统筹

一是由省级政府统筹县域职业教育发展,根据城镇布局、产业布局、人口流向,将县域职业教育特别是县级职业教育中心的规划纳入省经济社会总体规划,并将发展情况纳入省对县级党政实绩考核的重要内容。二是省级教育行政部门牵头,制定发展县域职业教育特别是县级职业教育中心的政策体系,指导资源整合,并负责督导落实。三是统筹安排财力,强化省级财政对县级职业教育中心的财政转移支付力度,支持条件薄弱的县级职业教育中心尽快提升基础能力。四是针对县域职业教育发展不平衡的实际,加强分类指导,以扩大学校的依法办学自主权为突破口,重点解决县域职业学校技术技能培养水平不高、专业师资引进困难的难题。五是加强信息化建设,改善传统教学,促进职业教育课程教材、教育方法等优质资源的共建共享。

(二) 加强地市级政府统筹

一是落实管理责任,建立健全地市级职业教育领导机构,根据当地县域经济社会发展和人口发展情况,统筹规划区域内职业教育,特别是县级职业教育中心发展,将职业教育中心工作纳入目标管理,作为考核县(市区)主要领导干部政绩的重要指标,并接受同级人大、政协的检查指导。二是统筹学校布局,在确保"一个县(市区)集中办好一所职业教育中心"的同时,根据县域实际需求确定职业学校数量,同时按照"区域统筹,科学发展"的要求,突破职业教育发展的体制障碍,对现有职业学校按区域、行业、类型进行整合或重组,通过合并、共建、联办、托管等形式，形成区域办学优势，提高整体效益。三是统筹专业建设，按照"扶强办优、创造品牌"的思路，全面规划区域内职业学校专业建设，依据区域经济结构、支柱产业、专业特点、专业实力，推动职业教育资源向特色学校、特色专业集中，支持不同的县级职业教育中心做大做强优质特色品牌专业。四是打破部门、行业之间的界限，按专业进行整合，依据学校实力、区位优势，将相同或相近的专业进行归类，避免重复设置，实现实训基地共建共享，充分发挥其在教学、培训、科研、技能鉴定和技术服务等方面的综合功能。

（三）强化县级政府责任

一是建立健全县级政府统筹职能和相关机构，理顺政府相关部门职责。鼓励、支持县级政府主要领导干部兼任县级职业教育中心校长，只有这样才能统筹好县域的各类教育资源，发挥聚集效应。这经多年实践证明是有效的、可行的。现在没有这么做的县，应重新改变过来。二是建立目标考核制度，将职业学历教育和职业培训等工作纳入政府相关部门年度工作考核目标，作为对主要领导干部进行政绩考核的重要指标。这也是贯彻落实习近平总书记对职业教育工作的指示精神，要求各级党委和政府要把加快发展现代职业教育摆在更加突出的位置，更好支持和帮助职业教育发展，为实现"两个一百年"奋斗目标和中华民族伟大复兴的中国梦提供坚实人才保障。三是鼓励、支持职业教育中心实行校企合作、校村合作、校社合作等，统筹管理和使用各类培训的经费。四是保障县级职业教育中心依法办学自主权，支持职业教育中心根据需要实行教师弹性编制制度等。

三、明确方向，完善职能

职业教育中心的办学功能主要有提高劳动者素质、产业服务与产业带动、促进人的个性发展、教育普及与提高、延缓社会就业压力、促进社会安定文明等功能。县级职业教育中心成立之初，是把区域内原有布点分散、办学效益差的县职业中学、农业中学、农民中专、技工学校、农业广播电视学校、卫生学校等融合为一体，实行"政府统筹、部门联办、教委协调、一校多制"的体制，具有职业学历教育、职业技术培训、农业技术推广、科学实验、生产经营示范等多种功能。为此，我们必须深化职业教育中心的教育教学改革，并使这些改革的思路落实在课程、教材和考核方法上。只有充分认识并使其功能得到最大限度的发挥，才能把职业教育中心办得更好。

从目前看，就业是职业教育的首要目标，职业教育是通过劳动就业来实现与经济结合的。因此，职业教育必须研究劳动力市场，研究农村的教育需求，并把这两者更好地结合起来。一是要面向市场，使职业教育中心的专业设置与区域特色经济、主导产业的发展结合起来，与当地的劳动力流向一致，逐步形成有自身优势的特色专业。二是要引入民办机制，增强内部活力。民办机制是灵活的机制和效益的机制，没有这个机制，职业教育中心不会有大的发展。三是要用终身教育的思想深化对职业教育本质特征的认识，丰富职业教育的内涵，坚持培养与培训并重，不拘一格办学。

四、建设队伍，精细管理

"一个好校长就是一所好学校"，建设好一支校长队伍是构建现代化职业教育，实现学校精细化管理，提升教育教学质量的关键。县级职业教育中心校长（或常务副校长）是学校的最高行政负责人，对外代表学校，对内全面领导学校工作。职业教育中心的校长是职业教育中心建设和发展的灵魂，从某种意义上说，有一位优秀的校长就有一所优秀的职业教育中心。在新时代中国特色社会主义现代化建设的背景下，职业教育中心校长的角色、理念、能力、素质对职业教育中心的平衡运行、革故鼎新、科学发展等都起着决定性的影响和作用。2015年1月，教育部发布了《中等职业学校校长专业标准》（以下简称《标准》），对校长的办学理念和专业要求作出了明确要求。目前，我国县级职业教育中心校长的来源，大体有政府部门官员、乡镇领导干部、普通中学及职业教育中心自身四个方面。有的懂管理，但是不懂经济，不懂教育；有的懂经济，但是不懂教育，不懂管理；有的懂教育，但是不懂经济，不懂管理。县级职业教育中心的校长要认真执行教育部发布的《标准》，按照《标准》对照自己的理念、知识、能力、方法和行为，自觉参加各种相关培训活动，全面提升政治领导力、思想引领力、群众组织力和工作执行力。同时，由于职业教育中心的外部环境和内部条件会随着社会经济的变迁而不断演化，因此职业教育中心的校长还必须在实践当中学会与时俱进、因地制宜、灵活果断地应对问题，不断积累办学经验，逐渐形成自己的管理智慧和管理风格，变粗放型管理为精细化管理，从管理上要质量。

总而言之，要突出职业教育的特点，发挥职业教育的优势，教师是关键。职业教育中心今后的出路是如何提升学校的内涵建设。规模上去了，但质量始终是致命的弱点，要有质量首先是人的质量，促进职业教育中心教师专业发展已刻不容缓。职业教育的大力发展，尤其是职业教育中心跨越式的发展势头，带来的更为严峻、更为突出的便是教师的问题。要谈及职业教育中心的出路，在目前国家投入巨大的前提下，教师素质的优劣是中心存亡的关键，教师的专业发展已然是目前县级职业教育中心的工作重心。

县级职业教育中心作为一个独具特色的职业教育新模式，其教师专业发展同样有着与众不同之处。这就是第五章"县级职业教育中心教师专业发展现状分析"中的主要内容。

第五章 县级职业教育中心教师专业发展现状分析

职业教育进入新时代,"要努力发展具有中国特色世界水平现代职业教育,牢固树立'质量立教'意识,走内涵发展之路。"加快发展现代职业教育,就是要大力提高职业教育的质量,教育质量的提高关键在人,在于职业学校教师素质的提升,在于职业学校教师的专业发展,这也是县级职业教育中心提升质量的主要抓手。

第一节 发展现状

职业教育中心是中等职业教育的重要组成部分,其主要阵地在农村,而且还是一个只有二十多年历史的全新中等职业教育办学模式。从有关中等职业学校师资的数据分析,全国中职教师的基本情况虽然有所改善,但总体上还处于相对比较薄弱的历史阶段,而作为中等职业教育中的弱势群体,县级职业教育中心的师资队伍及教师的专业发展情况还存在一定的困难。县级职业教育中心教师专业发展是职业教育教师专业发展的一个缩影,具有职业教育教师专业发展的共同特点,但也有其区域的独特性。

结合广西县级职业教育中心发展实际情况,参照全国相关数据,对县级职业教育中心教师专业发展现状进行分析,主要从教师数量、师资队伍结构、教师来源及专业标准四个方面进行分析。

一、教师数量

县级职业教育中心的发展与全国大力发展职业教育的大环境是密不可分的，教师紧缺，特别是专业教师紧缺一直是县级职业教育中心发展的瓶颈。就总体情况来看，县级职业教育中心专业教师总量有所增加，但还跟不上规模发展的需要。目前因无县级职业教育中心教师专业发展现状的专门数据可查，在此主要参照全国中职的有关统计数据与广西壮族自治区内部分县级职业教育中心的调查数据作比照，反映县级职业教育中心教师专业发展的基本情况，具体从全国、广西和岑溪市（县级）职业教育中心的三组数据进行分析。

2005年，国务院出台《关于大力发展职业教育的决定》（国发〔2005〕35号）做出"每个县（市、区）都要重点办好一所起骨干示范作用的职业教育中心（中等职业学校）"的决定，县级职业教育中心迎来发展的春天，学校的基础能力建设有了翻天覆地的变化，但教师队伍的建设状况形势逼人。

2005年全国中职在校生规模1 300多万人，专任教师58.87万人，生师比高达22.5:1，高出教育部颁发的生师标准5.5人（原标准是17:1，2010年8月后新标准是20:1）；到2010年，中职年招生已超过800万人，在校生规模2 200多万人，按2005年中职师生比的测算，全国中职教师五年内至少要再增加47.8万人，而按教育部中职生师比17:1的设置标准计算，则至少要增加到83万，加上自然减员，从2005年到2010年，中职每年要增加将近20万教师才能满足中职教育事业发展的需要，生师比一度高达25.9:1，教师缺口很大；2016年全国中职在校生规模近1 600万人，专任教师83.96万人，生师比19.84:1，2018年全国中职在校生达到1 555.26万人，专任教师83.35万人，生师比达到19.10:1，达到国家中等职业学校基本办学条件生师比20:1标准，教师紧缺的状况得到了很大的改善，见表5.1。

表 5.1　全国中职在校生人数、教师、生师比统计表

时间 分类	2005 年	2010 年	2016 年
在校生人数（万人）	1 300	2 200	1 600
专任教师数（万人）	58.87	84.89	83.96
生师比	22.5:1	25.9:1	19.84:1

（数据来源：教育部.2016年全国中等职业学校办学能力评估报告［R/OL］http://www.moe.gov.cn/jyb_xwfb/gzdt_gzdt/s5987/201712/t20171207_320820.html）

广西近三年来中职教师队伍建设的发展情况，2014年全区有中等职业学校在校生42.29万人，专任教师2.041万人，生师比20.73:1；2015年中等职业学校在校生45.05万人，专任教师2.02万人，生师比22.28:1；2016年中等职业学校在校学生47.92万人，专任教师2.05万人。生师比平均值23.38:1，低于中职业学校基本办学条件指标合格标准20:1，师资力量还有待加强，见表5.2。

表 5.2　广西中职 2014—2016 三年在校生人数、教师、生师比统计表

时间 类型	2014 年	2015 年	2016 年
在校生人数（万人）	42.29	45.05	47.92
专任教师数（万人）	2.04	2.02	2.05
生师比	20.73:1	22.28:1	23.38:1

（数据来源：广西教育厅.广西中等职业学校办学能力评估报告（2016）［R/OL］. http://www.gxedu.gov.cn/Item/15388.aspx）

截至2016年广西教育事业发展情况统计，中职学校教职工共有26 283人，教职工额定编制数21 293人，专任教师20 048人，占总人数的76.28%，专业教师数14 260人，占总人数的54.6%，达到中职专业教师占专任教师50%的指标，但县级职业教育中心教师缺口大，特别是专业教师缺口更大。

现就岑溪市（县级）职业教育中心从2005年成立之初和职业教育攻坚三年（2008—2010）到2017年的数据作统计分析，见表5.3。

表5.3 广西岑溪市（县级）职业教育中心在校生人数、教师、生师比统计表

时间 类型	2005年	2008年	2009年	2010年	2017年
在校生（人）	1 200	2 022	3 724	4 991	6 023
教　师（人）	67	98	156	205	256
生师比	17.9∶1	20.6∶1	23.8∶1	24.3∶1	23.52∶1

从表5.3看，随着中心招生规模的日益扩大，生师比系数上升，说明教师紧缺情况越来越严重。2010年7月教育部出台新的《中等职业学校设置标准》（下称"新设置标准"）规定，中职学校的生师比是20∶1（原标准为17∶1），从2008年，中职扩招以来，生师比均高出新设置标准，说明职业教育中心教师紧缺。

参照"专业教师数不低于本校专任教师总数的50%"的设置标准（表5.4），该职业教育中心专业教师数还不达标，而其中部分专业教师还是通过文化课教师的临时培训转型而来的，专业教师紧缺也是职业教育中心面临的一大难题。

表5.4 广西岑溪市（县级）职业教育中心专业教师数及其占教师总人数的比例

时间 类型	2005年	2008年	2009年	2010年	2017年
教师总数（人）	67	98	156	205	256
专业教师（人）	25	38	67	83	110
所占比例（%）	37.3	38.7	42.9	40.5	41.5

二、师资队伍结构

从职业教育和普通教育两大类型专任教师的学历和专业技术职务

相比，职业教育专任教师的学历、专业技术职务偏低。从学历结构看（表5.5），与普通高中相比较，中等职业教育本科以上专任老师数量明显低于普通高中的指标，所占比例低于普通高中约7个百分点。从教师职称看，全国中职学校专任教师中，副高以上职称占25.06%，中级职称占39.87%，与普通高中比较，副高以上职称所占比例比普通高中低2.4个百分点，中级职称所占比例比普通高中低24个百分点。

表5.5 中职学校与普通高中专任教师学历、职称结构比较情况

		中等职业教育		普通高中	
		专任教师数(人)	比例(%)	专任教师数(人)	比例(%)
学历结构	2016年合计	643 143	—	1 733 459	—
	本科及以上	584 162	90.83	1 697 308	97.91
	专科	56 569	8.79	35 338	2.04
	专科及以下	2 412	0.38	813	0.05
职称结构	2016年	643 143	—	1 733 459	—
	副高及以上	161 151	25.06	476 786	27.50
	中级	256 446	39.87	1 117 190	64.45
	初级及未评	225 564	35.07	139 483	8.05

（数据来源：教育部发展规划司.2016年教育统计数据［R/OL］. http://www.moe.gov.cn/s78/A03/moe_506/jytjsj_2016）

主要参照截至2016年教育部最新公布的有关全国、全区及县级职业教育中心教师的学历、职称结构、"双师型"教师等三方面数据进行比较分析。

(一) 教师学历总体较低

县级职业教育中心专任教师学历在比较全国及全区相关数据中显示出差距，现就全国及我区2016年的教育统计数据（表5.6～表5.8）进行分析研究，找出目前县级职业教育中心教师学历的分布情况。

表 5.6 全国中等职业学校专业教师学历分布情况一览表

学历 指标	博士	硕士	本科	专科	高中及以下	合计
人数（人）	552	45 476	538 134	56 569	2 412	643 143
百分比（%）	0.86	7.07	83.67	8.79	0.37	/

（数据来源：教育部发展规划司、2016 年教育统计数据 [R/OL]. http://www.moe.gov.cn/s78/A03/moe_ 506/jytjsj_ 2016）

表 5.7 广西中等职业学校专任教师学历分布情况一览表

学历 指标	博士	硕士	本科	专科	高中及以下	合计
人数（人）	26	1 979	16 503	2 114	111	20 733
百分比（%）	0.12	9.54	79.59	10.19	0.54	/

（数据来源：教育部发展规划司、2016 年教育统计数据 [R/OL]. http://www.moe.gov.cn/s78/A03/moe_ 506/jytjsj_ 2016）

表 5.8 广西岑溪市（县级）职业教育中心专任教师学历分布情况一览表

学历 指标	博士	硕士	本科	专科	高中及以下	合计
人数（人）	0	3	140	94	18	256
百分比（%）	0	1.17	54.68	36.72	7.03	/

就上面三组数据分析，该县级职业教育中心教师总人数 256 人，暂无博士研究生学历教师，硕士研究生学历仅有 3 人，占专任教师的 1.17%，比全国全区的比例都要低很多；本科学历 140 人，占 54.68%，还达不到全国的平均值 83.67%，比广西的 79.59% 还要低近 25 个百分点，而专科学历人数有 94 人，占 36.72%，比全国的占 8.79%、广西的 10.19% 要高近 20 多个百分点；而低学历的中专或高中以下学历有 18 人，占 7.03%，比全国的和广西的都要高出近 7 个百分点，专科与高中学历的占到近 43%。

按国家规定标准，中职教师学历要求达本科以上，特殊技能人才即有高级证书的教师至少要有专科以上学历。就上表数据的分析结果看，该职业教育中心教师达标人数只占总人数的一半，专科学历占的比例还很大，而高中及中专以下学历的还有18人，占7.03%，学历层次相当低，由此可见，县级职业教育中心教师专任教师的学历总体较低。

（二）职称结构情况

县级职业教育中心专任教师职称结构在比较全国及全区相关数据中找出差距，现就全国及广西2016年的教育统计数据进行分析研究，找出目前县级职业教育中心教师职称结构情况，见表5.9～表5.11。

表5.9 全国中等职业学校专任教师职称结构情况一览表

职称指标	正高	副高	中级	初级	未定级	合计
人数（人）	2 602	158 549	256 446	165 371	60 175	643 143
百分比（%）	0.40	24.65	39.87	25.71	9.36	/

（数据来源：教育部发展规划司、2016年教育统计数据［R/OL］. http://www.moe.gov.cn/s78/A03/moe_506/jytjsj_2016）

表5.10 广西中等职业学校专任教师职称结构情况一览表

职称指标	正高	副高	中级	初级	未定级	合计
人数（人）	106	3 627	8 536	5 748	2 716	20 733
百分比（%）	0.51	17.49	41.17	27.72	13.10	/

（数据来源：教育部发展规划司、2016年教育统计数据［R/OL］. http://www.moe.gov.cn/s78/A03/moe_506/jytjsj_2016）

表5.11 广西岑溪市（县级）职业教育中心专任教师职称结构情况一览表

职称指标	正高	副高	中级	初级	未定级	合计
人数（人）	0	8	76	138	34	256
百分比（%）	0	3.12	29.69	53.91	13.28	/

根据新设置标准规定，具有高级专业技术职务人数不低于20%，而该中心此类教师的比例仅为3.12%；初级职称的占了大多数，达专任教师的一半以上，而未定级的教师比例占13.28%。总体来看，该职业教育中心的教师多为入行不久的年轻教师为主，而且有一部分还是通过社会招录或双选入编但因没有教师资格证书尚未定级，素质不高的新教师，专业发展的空间极其大。

（三）"双师型"教师比例低

县级职业教育中心"双师型"教师所占比例相对较低，"双师型"型教师队伍的建设是职业教育中心确保正确办学方向，提高职业教育教学质量，实现可持续发展的关键。早在2005年，广西实施职业教育攻坚之前，全国中职学校专业教师中"双师型"教师仅占12.4%，比例还相当低，近几年来略有提高，但仍旧得不到有效解决。统计报表资料（表5.12）显示，2005年"双师型"教师占专任教师的比例只有12%左右；占专业课、实习指导课教师的比例为23.0%，这说明中职的绝大部分专业课教师还是从事理论教学，缺乏带领学生操作实践的专业技能指导教师，这不符合培养与经济建设相适应、动手能力强的中职教师的培养目标。

表5.12 中职教师中"双师型"教师情况

全国			东部地区			中部地区			西部地区		
双师型教师数	占专任教师比	占专业课、指导课比	双师型教师数	占专任教师比	占专业课、指导课比	双师型教师数	占专任教师比	占专业课、指导课比	双师型教师数	占专任教师比	占专业课、指导课比
72 632	12.45	23.94	33 439	12.61	24.69	18 879	10.60	20.69	20 314	14.53	26.50

（数据来源：教育部信息中心数据处. 中等职业教育发展与办学条件分析研究［R/OL］http://www.moe.gov.cn/s78/A03/moe）

近年来，广西深入实施职业院校"双师型"教师队伍建设工程，"双师型"教师队伍建设成效明显。全区通过建立健全政府主导、院校多方参与、行业企业积极配合的"双师型"教师队伍建设机制，拓展职业院校教师培养途径。截至2016年，广西建有国家级职业教育师资培养培训基地2个，自治区级基地2个，中职学校"双师型"教师9 054人，占专任教师比例45.16%，高于中职业学校办学条件最低要求指标30%[①]。

但县级职业教育中心的"双师型"教师队伍建设还不容乐观，近几年，虽在全区的大环境下有了很大的改进，但基于学校专业教师专业发展的底子薄、起点低，"双师型"教师占比还比较低。岑溪市（县级）职业教育中心专任教师总数256人，截至2017年经评定"双师型"教师人数仅58人，占比也仅有22.65%，比全国的最低标准还要低近8个百分点，但就全区水平比较，县级职业教育中心的"双师型"教师比例还达不到平均值。然而，岑溪市（县级）职业教育中心，在全区县级职业教育中心来看，人数还算是比较多，还有很多同类学校"双师型"教师队伍建设着相当大的提升空间，这也是县级职业教育中心教师专业发展的现状。

（四）教师队伍年轻化

县教职业教育中心教师队伍的急剧增长与其规模的膨胀息息相关。县级职业教育中心以校园校舍及学生人数的快速增长实现了规模的扩大，尤其是学生人数的增加，教师紧缺已然是首要难题。各县（市）人民政府增加编制，通过社会招录或高校毕业生双选会的途径招聘教师，或直接从乡镇中学抽调教师以补充职业教育中心的燃眉之急。这些新入编或抽调的教师大部分都是年轻教师，而且多为工科院校的大学毕业生，部分是有一定企业经历的年轻员工，这部分教师几乎占了县级职业教育中心人数的一半，有的接近三分之二，而这部分教师年龄均不超过35岁，教师队伍明显呈年轻化。据岑溪市中等职业技术学校统计，现有教师256人，从2007年通过招聘录用入编的达

---

① 数据来源：广西教育厅. 广西中等职业学校办学能力评估报告（2016）[R/OL]， http：//www.gxedu.gov.cn/Item/15388.aspx.

132人，超过教师总人数的一半之多，远高于全国中职学校35岁以下教师占比35%的比例，见表5.13。

表5.13　全国中等职业学校专任教师年龄分布情况

年龄 指标	29岁以下	30—34	35—39	40—44	45—49	50—54	55以上	合计
人数（人）	108 894	118 621	113 927	109 833	98 963	70 985	21 920	643 143
百分比（%）	16.93	18.44	17.71	17.08	15.39	11.04	3.41	/

（数据来源：教育部发展规划司、2016年教育统计数据［R/OL］．http：//www.moe.gov.cn/s78/A03/moe_506/jytjsj_2016）

三、教师来源

教师来源复杂是指职业教育中心教师由多类教师组成。有原职业技术学校的元老们，有从各乡镇抽调来的文化课教师，还有新近几年从高校或理工学院毕业生中录用的新教师，还有资源整合后来自其他职业培训机构的教师，如原技工学校、农机学校教师等，还有来自企业的实习指导教师和兼职的行业精英、种养能手等，具体由以下几类组成。

（一）普通高等学校毕业生

一类主要是普通高校理工类院校毕业生，本科毕业，双学位，专业知识扎实，有一定的实际操作能力，"学术性""实践性"兼备，但缺少"师范性"，没有接受过教育教学理论的专门培训。另一类是高等学校师范类院校毕业生，是职业教育中心文化课教师的主要来源，有专业的教育教学理论和教育实践能力，富有"师范性"。在职业教育中心发展初期，此类教师占大多数。

（二）普通高校职业师资教育专业毕业生

并不是每个地区都有，职业教育发展较早的地区会有此类生源，但绝大部分省份无职业教育师范类院校，属稀缺资源。此类毕业生"师范性""学术性""实践性"三性具备，是职业学校招聘的主要对象，但职业教育中心极少能招到此类对口专业的毕业生。

（三）选调、聘请的有实践经验的专业技术人员和能工巧匠

职业教育中心发展初期校企合办专业最主要的专业教师来源，来自企业一线的技术精英或行业能手，富有"实践性"，但专业理论知识少，根本无教育教学经验，缺乏"师范性"。此类教师在中心内往往是其专业领域内的带头人。

（四）转型教师

职业教育中心跨越式的发展速度，学生人数暴涨，临时从普通教育学校，如当地的高中、初中抽调来的教师，这在新兴起的职业教育中心师资队伍中占比例不小。就岑溪市（县级）职业教育中心而言，此类教师所占比例接近30%。此类教师大多是当地教育学校中优秀的理工科教师，如原来是教物理或上电脑课的，有丰富的教学经验，一定的专业学科知识，但缺乏实践经验。

（五）行业精英

这是职业教育中心通过整合各行业、部门培训机构后，原来的行业精英或各部门的培训教师、技术指导人员并入职业教育中心。如原属劳动部门的农机推广中心的师傅，农业技术推广站的技术指导人员，甚至有来自农村的种养能手等，一般只有专业实践经验，不具备"三性"融合的职业教育教师特征，但也是目前职业教育中心宝贵的师资来源之一。

四、教师专业标准

根据中等职业学校教师专业发展的基本内容，基于《中等职业学校教师专业发展标准》，结合广西部分职业教育中心的教师队伍实际情况，采用问卷调查的方式，对梧州地区的岑溪、藤县、容县等三地的职业教育中心的教师专业发展现状进行调查。问卷主要从教师的职业教育理念与前沿、专业知识与技能、教学反思能力、教育科研能力、职业生涯发展规划、专业发展途径和阻碍自己专业发展的主要因

素等七个方面进行调查，结果统计及分析情况如下。

（一）教师对职业教育的理念与前沿的关注度

调查结果显示，教师对职业教育理念与前沿的关注度为20%，不是很高。说明教师对职业教育理念与前沿的认知度不高，认为作为一名教师只要把课程上好、把学生管好，其他的"事不关己，高高挂起"。现代职业教育是为适应经济发展方式转变和产业结构调整要求、体现终身教育理念、中等和高等职业教育协调发展，满足人民群众接受职业教育的需求，满足经济社会对技术技能人才需求的职业教育。现代职业教育理念是我们进行职业教育的基石，作为一名教师，只有明白了现代职业教育需要我们培养什么样的人才，我们才能培养出国家和社会需要的有用之才。

适应需求、校企深度融合、有机衔接、多元立交、五个对接、工匠精神、中国制造……这些现代职业教育热点之词，就是职业学校教师要学习的现代职业教育的前沿知识。现代职业教育的理念与前沿就是一盏明灯，它指引着职业教育前进的方向。

（二）教师的专业知识与技能

调查结果显示，教师想要学习的专业知识与技能依次是：专业相关的知识64%、教学设计相关的知识45%、教学方法相关的知识36%、现代化教学手段相关的知识34%、对教学的认识与理解相关的知识28%、对专业理念的理解相关的知识24%。

经对调查结果分析，教师最想要提升学习的是专业技能占64%，说明专业技能在职业学校的教师心目中永远是排第一位的。随着现代职业教育的不断深入与发展，各个专业的知识也在同步更新与换代，作为一名职业教育的专业教师不可能一直守住自己以前所学的专业知识。终身学习，只有跟上专业知识的更新与发展步伐，才能让自己更好地投入专业教学中，更好地为职业教育教学服务。

此外，被调查的教师中，45%选择教学设计相关知识，36%选择教学方法相关知识，34%选择现代化教学手段相关知识。大部分教师认为教学设计、教学方法和教学手段三个方面的能力是提高课堂教学质量的最直接因素，需要提升的不仅仅是专业操作技能，基本教学技能也迫切需要得到尽快提高。一个优质的教学设计，一个因地制宜、因材施教的教学方法，一个丰富多样的现代化教学手段，它将会给我们教师教学带来无限拓展空间，它将会给我们的学生带来学习的吸引力和主动性。

（三）教师的教学反思能力

教师在完成一节课的授课任务后，能够回顾一下刚才的教学过程，找出其中的不足之处，选择此项的教师占总人数的28%；课后能够和同事就上课碰到的一些问题展开交流讨论占35%；课后能够在授课教案中的教学反思项写下自己教学感悟的占10%；课后能够征求学生对本节课的评价的占5%；只有10%的教师会系统思考并写下教学反思，说明教师对教学反思的认识不到位，重视程度不够，甚至个别教师从来没自己主动写过教师反思。

中等职业学校的学情是：学生多数是中考落榜生，厌学的现象普遍存在，但是学生喜好动手、实践。面对职校学生，不少教师感觉上课没有成就感，上课变得机械而麻木。教师和学生的情绪相互影响，导致恶性循环，教师疲惫不堪，心情郁闷，健康状况下降。要走出这种困境，教师要不断地进行教学反思。在经过教学反思之后，根据教学的需要，有意识地调整自己的教学行为，灵活地处理教学中出现的问题。通过教学反思，提高职业教育从教水平。

（四）教师的教育科研能力

从调查结果来看，有22%的教师主持或参与过国家级、自治区级和市级的教育科研项目的研究；有5%的教师参与过技术科研项目的研究；有35%的教师参与过自治区级、市级和校级的说课、评课和优质课活动；有10%的教师参与公开出版的教材和校本教材的编写工作。

教育科研、说课评课和优质课评比等教师的参与度还比较高，而科研项目开发、教材出版等工作的参与程度还占一定比例,这得益于各学校通过"压担子"的方式使大部分专业教师迅速成长起来,特别是教师的教育科研能力都提高到了一个新的高度。

调查结果从另一个层面显示,各校的教研活动开展不太规范。教研活动是能够按时开展,但活动内容大多是专业教学主任宣讲一些教学中的相关问题,没有能利用教研活动时间开展真正的对教育方面问题的主题研讨。

(五) 教师的职业生涯发展与规划

调查结果显示,只有5%的教师对自身职业生涯发展有规划,并且规划也只停留在对照职称评定条件罗列目标而已。教师职业生涯发展与规划,是根据教师的个体情况和所处的环境,结合教师与学校发展的双重需要,对决定教师职业生涯的因素进行分析,进而确定事业发展目标,并设计相应的行动计划的活动过程。将学校发展目标、专业建设和教师个人发展目标有机地结合起来,对教师职业生涯发展进行有效规划,是实现教师职业生涯发展与学校发展双赢的重要手段。

没有明确的发展目标,缺少规划的职业生涯,会让教师在迷茫中徘徊。虽然可以积累教学经验和心得体会,但要成长为一名研究型、专家型教师将会是困难重重。在现代职业教育的新形势下,制定好教师个人发展规划,有目的、有步骤地实施,将会促使教师个人职业生涯的快速发展和加快学校师资队伍培养的进程。

(六) 促进教师专业发展的途径

调查数据统计结果表明,教师希望学校能通过以下途径促进教师的专业发展:

(1) 邀请相关专家到校开设相关的课题研究讲座,特别是现代职业教育理念与前沿、教师职业生涯发展与规划、教育科研项目的申报与开展等;

(2) 多安排教师参加国家级、自治区级的专业培训,包括专业操作技能和教学技能方面的培训;

（3）多组织教师外出参观、学习，直接感受发达地区和先进学校的教育经验和教学成果；

（4）希望能通过名校结对、大手拉小手、与技艺大师结对等方式，促进教师专业发展；

（5）希望学校能通过物质和精神方面的奖励措施来激发教师专业发展提升的动力，形成积极向上的发展氛围。

（七）阻碍自己专业发展的主要因素

调查结果表明，教师认为以下几个方面将是阻碍自己专业发展的主要因素：

（1）没有职业生涯发展规划，专业发展目标不明确；

（2）忙于应付日常教学和学生管理，没有足够的时间；

（3）没有掌握先进的教学方法，无法有效激发学生学习兴趣；

（4）没有机会参加自治区和国家级的专业培训；

（5）没有机会到企业去实践锻炼；

（6）科研课题、教材开发、论文撰写得不到专家的指导；

（7）缺乏教学团队支持，教学改革、科研项目、技能大赛势单力薄；

（8）教研氛围不够浓厚，教学困惑难以解决；

（9）自我认识不足，把自己的课上好就行；

（10）缺少及时的自我评价与反思；

（11）不知道如何将培训所学转化应用于教学教研工作。

第二节　原因分析

一、县级职业教育中心教师专业发展存在的历史问题

（一）任教科目与教师学习专业的相关性问题

县级职业教育中心教师在其个人专业成长的过程中，受职业教育

大环境的影响很大。县级职业教育中心是职业教育的重要组织形式，但也是受职业教育环境，包括政策、经济社会发展、行业企业及产教融合程度等因素影响。在县级职业教育中心发展的历程中，适应产业发展需求，灵活设置专业，对学校专业的"存活"影响很大，有些招生特别火的专业，就会导致教师一时短缺，需要左拼右凑才能把教师配备好。而有些专业招生很少甚至招不到学生，这些专业的教师就会被调整到别的专业任教，但极少数从事本专业的课程，大都任教不相关的科目，如原农业或农机类的专业教师，原来这些专业在农科教统筹时期，中专毕业生有工作安排时期，专业建设有部门的宏观调控，招生不成问题。但随着职业教育发展状况的不断变化，市场化程度逐渐提高，人力资源市场需求的变化，农村学生多不报读涉农专业，导致这类专业的专业教师结构性失业，只好从事不相关课程的教学任务，新专业、新领域都是教师们的严峻考验。青年教师尚有精力与时间转型，而原来有一定经验的专业带头人或骨干教师，都是有相当经验的教师，由于年龄或工作惯性的原因，多安于现状，或不思进取，教师的专业成长受到很大影响。

（二）教师职称晋升问题

县级职业教育中心在其发展的历史过程中，近三十年的峥嵘岁月里，几经沉浮，但纵观其发展过程，在师资方面有很大程度上与普通教育关系密切。这是由县级职业教育中心"政府统筹、部门联合、教育协调、一体多元"的特性决定的，县级职业教育中心教师资源的调度与当地教育行政部门分不开，相当一部分的专业教师都是从普通中学里抽调过来的，而这部分教师的职称晋升基本都是走中学小职称系列的。这部分教师到职业学校任教，其职称晋升所要材料与现任教专业日常产生的材料不符，如论文、课题等，上职业学校的课但要杜撰普通教育的职称晋升材料，一是难，二是造假，三是积极性不高。其次是县级职业教育中心教师多是跨专业或转型任教本专业的课程，日常教学及个人专业成长的材料积累又与职称申报的专业不一致，尤其是文化课教师转型任教专业科目的教师，或者是专业课教师转上文化课的教师，由于学校教学工作的调整，教师个人只能服从学校的统一调度，但从长久来说，教师的专业成长备受影响。

二、县级职业教育中心教师专业发展共性原因分析

（一）团队意识薄弱

县级职业教育中心在发展的早期，一是由于教师来源复杂，水平参差不齐，团队意识薄弱，教师专业发展的氛围难以营造。县级职业教育中心在职业教育攻坚时期，学生人数暴涨，亟须补充教师，除了县域内职业学校或培训机构整合后保留的人数不多的原班人马，很多是从当地中小学临时抽调或从大专院校招聘进校的新教师，也有临时从企业招聘的兼职技术人员，师资队伍成分复杂，团队意识薄弱，教学团队组建有难度，教师"各自为政"，包括公共基础课、专业课等相关教学标准难以落到实处，学校的教学计划难以统一，教师日常的教学管理处于自然发展状态，教师的专业成长谈何容易。二是学校的工作重心基本上以扩规模、保生源为主，教师专业成长机制缺失，缺乏有效制度的保障。学校教师的工作考核以量为重，难以顾及教学质量，大多只求个人的招生任务数和控辍保学的任务是否完成，或者只求完成繁重的日常教学任务，学校也没有财力与精力去策划落实教师的业务提升，外出培训或正常的教研活动难以开展起来。这一阶段能外出参观学习的也是保留在如何扩大学校规模或如何控辍保学等的观摩学习，教师难以有相应的平台或途径实现个人的业务提升，教师专业发展严重受阻。

（二）社会认可度低

由于职业教育历史发展的阶段性原因，县级职业教育中心教师工作的社会认可度普遍比较低。20世纪末，高等院校扩招之后，全国中等职业教育出现大滑坡时期，县级职校学生锐减，甚至某一时期，在校生人数比教师还少，几近倒闭，县级职业学校的声誉一落千丈，部分县级职业学校的教师也得不到很好的安置，为了生计，不得不改行

另谋出路。最艰难时期,到乡下中学去招生,在乡镇圩市摆摊宣传好像江湖骗子一般,到中学去向学生作专业介绍被称作是传销,很不受当地老师们的待见,一听到是职业教育中心的老师到校宣传,就不屑一顾。

据了解,职业教育师范生对职业教育教师的身份并不认同,不愿到职业学校去当老师,要到农村的县级职业教育中心去任教更是难上加难,主要原因是对职业教育教师专业发展的前途不乐观,认为职业学校的社会认同度低,职校学生素质不高,工作没有成就感,而且县域经济发展比不上城市,工资待遇低等。据统计,职业技术师范院校和普通高校二级职业教育学院培养的本科职业教育师范生,进入职业学校担任教师的,最多不过10%[①]。

(三) 无暇顾及专业成长

职业教育中心规模膨胀,教师紧缺,现有教师应接不暇,忙于学校办学基础条件建设,忙于招生及学生稳定工作,上课不求对不对专业,有人上就不错了,有时根本谈不上保证质量,只求量的增长及面上壮大。县级职业教育中心发展的早期,招生陷入困境的时候,甚至是把自己个人的亲戚凡有初中毕业或已到社会务工的年轻人都毫不客气地列为招生宣传的重要对象,不惜费尽口舌,只要有万分之一的希望也不会放过。教师的日常工作始终不懈地以"以生为本",完成招生任务的工作量占据了教师工作时间的三分之二以上,无暇顾及个人专业发展。

(四) 现代职业教育理念缺失

县级职业教育中心教师的现代职业教育理念缺乏,意识薄弱。县级职业教育中心的教师平时能参加的学习培训的机会就很少,而且在纷繁复杂的招生任务和超工作量的双重压力下无暇顾及个人的提升,学校又缺少共同学习进步的平台与氛围。所以,县级职业教育中心教

---

① 翟帆. 工匠之师哪里来 [N]. 中国教育报,2018-01-09 (9).

师的现代职业教育理念相对缺乏、知识体系比较陈旧，无论在教育教学方面还是在设施设备的使用方面，都难跟上时代的潮流，与地级市或省（自治区）还有相当大的一段距离，比如，对国家的职业教育的法规条文、加快发展现代职业教育的有关文件精神以及中等职业学校教师专业发展的标准等知之甚少；对现代学徒制、改善职业教育及培训体系、深化产教融合等现代教育教学理念或新理论的认识不够深入；能够领会和真正使用理实一体化教育的专业教师、"双师型"教师人数不多。基于此等理念理论知识的缺乏，导致大部分县级职业教育中心的教师故步自封，很难走出原有的"自我"意识圈子，甚至有个别老教师对信息化教学，如模拟仿真、多媒体、微课等现代职业教育的手段产生抵制情绪。

三、教师个体原因

（一）来源类型多

职业教育中心的教师来源复杂，由多类教师组成。有原职业技术学校的元老们，有从各乡镇抽调来的文化课教师，还有新近几年从高校或理工学院毕业生中录用的新教师，还有资源整合后来自其他职业培训机构的教师和来自企业的实习指导教师和兼职的行业精英、种养能手等。由于教师各自的"出身"不同，所以其自身专业发展的成因各异，从教师来源情况看，县级职业教育中心教师专业发展的原因可分为以下四种类型。

（1）师范类教师。分两种，一种是师范类专业课教师，是指从高等院校职师学院毕业的教师，此类教师一般都属于"双师型"教师，毕业参加工作时就具备双师的资质，但双师资格还有待参加工作后重新认定。这类教师即具备对应的专业理论知识和一定的专业技能，同时也具备相关专业教育教学的理论基础，如专业教学法、心理学等知识。这类教师目前在职业学校里面比较受欢迎，尤其在县级教师队伍里，整体素质不高的状态下显得尤为突出。但此类教师也有其局限性，就是动手实操能力相对较弱，企业经历极少或没有，理实一体化的教学能力有待提升。另一种是师范类文化课教师，是指从普通师范院校毕业任教公共基础课类的教师。这类教师多从县域内各中小学抽调或属于职业学校原班人马的成员，主要负责文化类科目的教学及管理工作。

（2）转岗教师。分四种，第一种是普通中学转入职业学校的教师。此类教师多是中小学抽调到职业教育中心的教师，主要是职业教育中心成立初期因学生人数暴增导致专业教师缺口大，由当地教育行政部门强行从中小学征调过来的教师，多为物理、计算机、音乐、美术等，到职业教育中心任教电工电子、计算机应用、服装或学前教育专业等相关专业课程。同时，也有阶段性存在的协管教师，这部分教师主要是职业教育中心在春季期招生，实施初中三年级学生提前分流时，由送生学校派出协助职业教育中心缓解管理压力临时存在的教师，但也有一部分因工作需要留在职业教育中心工作。上述这些从普教转岗到职业教育的教师，因为在普教工作过，教育教学经验丰富，课堂教学组织能力较强，但缺乏对职业教育特征的认识，对理实一体、校企合作、教产融合理解不够，工作中普遍存在唯成绩、唯纪律评定学生优劣现象，专业教学上唯理论至上，实操动手能力较弱，无企业工作经历。第二种是文化课转上专业课的教师。此部分教师不多，主要是职业教育中心成立早期，学校内部为了解决专业教师紧缺的燃眉之急，从学校内部物色或通过自愿转型的，由文化课转上专业课的教师。此类教师有较强的课堂教学组织能力，学习力好，接受新专业知识较快，但缺乏相关专业的系统理论知识，实操动手能力较薄弱，但此部分教师中不乏转型成功的典型案例，有些后来还成了专业带头人。第三种是专业课转上文化课的教师。此类教师多出现在职业教育攻坚后期，特别是一些县级中专综合改革成效较突出的县。该类职业教育中心基本实现顺利转型升级，从艰难的生存阶段慢慢过渡到规范管理阶段，由于学校已从规模发展过渡到内涵提升时期，学校的专业建设已由保生源、增设备转向规范人才培养方案、制定课程标准、打造良好教学基础秩序方面努力。严格按照教育部的有关加快发展现代职业教育的文件精神，结合地方职业教育特色，注重学生"综合素养＋一技之长"的培养目标，有大部分县级职业教育中心在完成攻坚之后，经过近十年的基础能力打造，实现转型。但因这近十年的时间里，职校教师内部原班人马中的文化科教师逐年退休，但上级教育行政部门有关教师入职多要求招录专业教师，文化科教师不增只减，此时期反而显得文化科教师紧缺。而这个时期也难从普教再抽调文化科教师到职业教育中心任教，特别是英语、数学等科目，这些本来就是当地中小学紧缺的学科教师，职业教育中心只有从学校内部转型，从一些招生规模萎缩的专业抽调教师转上文化课。也有从新招聘入职的专业教师中转型上文化科，此部分教师多为专业人才，多从理工科院校毕业，专业理论及专业技能扎实，但对应的语、数、英等文化科目的知识相对薄弱，特别是相对应的学科教学法相对比较陌生，导致在新领域内的专业成长有很大障碍，需要较长的适应期。第四种是撤并后转上其他专业课的教师。此类教师是指由本专业转上其他专业的教师，有一定的理实一体能力，对职业教育教学管理也相对比较了解，但转任其他专业教学，是不得已而为之，转型的积极性较低，能应付得了学生就了事，难谈质量，对其教师个人的专业成长更难如登天。此类教师多在后阶段因不适应新岗位，只能转投行政管理岗，从此把自己多年所学专业丢弃，利用率不高。

　　三是非师范类专业教师。分两种，一种是工科院校大学毕业生。现有县级职业教育中心数量最多的教师类型，如岑溪市中等职业技术学校，从职业教育攻坚时期到现在，已有100多名此类教师入职，占专业教师数量的50%多。这部分教师专业知识扎实，专业能力较强，但教育教学理论、心理学及学科教学法等方面相对比较缺乏，即所谓"师范性"较弱。而且这部分教师年龄不大，多是学校内的骨干，但由于多为工科院校毕业，没有教师资格证，教育教学管理等经验相对较少，入职后的培训也多注重在教学法及德育管理等方面，他们当中大部分只能一边工作一边考取教师资格证，这类教师是县级职业教育中心"双师型"教师的培养对象。目前经认定双师资格的人数不多，所以这类教师的专业成长也有其片面性，入职后要从日常繁重的教学任务中花大量时间学习有关师范类的课程，而相对专业的提升或企业实践的机会要少很多，这影响了他们专业发展的速度。要从一名教学新秀成长为一名骨干教师或学科带头人周期太长，不少年轻教师难以跨越职业倦怠期，只有一部分实现了个人专业成长的突破上，走名师之路。另一种是社会录用人员。此类教师多为职业教育中心早期专业教师缺口大时期，从企业或无业大学生中由学校招聘的合同工。他们多有一技之长，能解专业教师缺口的燃眉之急，而且经过多年在校内对应专业的锻炼，大多成为各专业理实一体化教师，能站得上讲台，也进得了车间，颇受学生欢迎。因此，各县根据实际情况，腾出编制，每年从这类教师中通过招录方式转为在编员工，但人数不多。

四是兼职教师。分三种，第一种是企业专家。此类教师多是县级职业教育中心在专业建设过程中从合作多年的企业中聘请的企业师傅，他们有丰富的企业经营生产管理经验，了解行业的发展状况，掌握企业生产的全部工艺流程以及各工种岗位的技能要求，实践能力强。这类兼职教师多是企业的运营生产主管，他们在县级职业教育中心多担任客座讲师的角色，订有劳务合同，定期到学校给专业教师上培训课或给毕业班的学生作就业指导，参与学校人才培养方案的制订，参与课程标准的制定等工作。如县级职业教育中心模具制造技术专业的企业专家大多就是模具厂的生产主管，学前教育专业的多是当地幼儿园的园长，而旅游酒店服务类专业的则多为大堂经理或人事部经理等。第二种是能工巧匠。此类兼职教师属于专业师傅类，有一技之长，而且在其从事的工种岗位上有多年的工作经验，掌握所从事工作的核心技能,是所谓凭手艺吃饭的人,他们在学校里常被聘为实训车间主任或实训基地实操指导教师。第三种是种养能手。此类兼职教师多是县级职业教育中心涉农专业教师,多从当地的种养大户或致富能手聘请,主要在该类专业的实训基地担任实训生产指导,但目前该类专业在县级职业教育中心长期处于萎缩甚至停办状态,所以这一类的兼职教师极少。上述三类的兼职教师有丰富的企业生产实践经验,但缺乏系统的专业理论,基本不具备教育教学管理的专业知识,只是在入职时有过简单的学校管理方面的培训,因此,县级职业教育中心在兼职教师的考核管理方面还很薄弱甚至处于空白状态。这部分教师因有其本人在校外的经营生产主业,单靠职业教育情怀调动他们的积极性,效果不是很明显。而且,就目前县级职业教育中心的财力,也难以给他们支付高工资。所以,此类人员水平不是很高,真正的大师级人物难以聘到,而且这些兼职人员很不稳定,在某种程度上,影响了县级职业教育中心正常的教学秩序及办学质量。

(二) 职业自信低

职业自信是指教师在对教育本质工作理解的基础上形成的教育观念、专业理念及对职业的一种坚守,主要是指教师对职业的理解认识和教师把"立德树人"作为个人的职业理想与行动。县级职业教育中心教师的职业自信相对模糊,由于长期处于一种疲于应对招生、超任课量等日常烦琐工作中,整日面对的是县域内各乡镇中学分流过来的所谓"差生",管理压力大,教师的自我价值得不到体现,教学过程难以得到努力付出的回报,毫无成就感可言,对自己的前景一片惘然,朝三暮四,难以坚守。所以,在县级职业教育中心发展初期,学校招聘的教师多,流失的也多,教师队伍的整体情绪波动浮躁,教师个人的工作目标不明晰。这会反映到教师的职业道德与专业精神上来,直接影响到教师的教育教学态度与行为、师生交往与行为、职业态度与行为及教师自我发展观念与行为。在加快发展现代职业教育的背景下,树立与时代精神相一致的职业教育教师发展理念是职业教育改革发展的当务之急,尤其是在新时代乡村振兴战略背景下,县级职业教育中心教师的职业自信不足,是影响县级职业教育中心发展的先决条件,更是教师个人专业发展的"拦路虎""绊脚石"。

(三) 专业素质不高

县级职业教育中心教师是农村职业教育教学的实施者与中坚力量,其专业素质除了具备职业学校教师的专业素质之外,还应具备有一定的农村基层工作的协作沟通能力。根据《中等职业学校教师专业标准》中职业学校教师专业素质相关内容,结合县级职业教育中心这一领域内教师专业素质的特殊性,总体上包括专业知识和专业能力两大方面。①专业知识,包括有关技能人才成长、学生身心发展的教育知识,县域经济发展、地方产业发展及人才需求和有关服务乡村振兴计划等的背景知识,所教专业的人才培养模式、任教课程的理论实践体系和课程标准等课程教学的知识。此外,还要具有相应的自然科学、人文社会科学、国家政治经济、社会及教育发展、艺术欣赏、教育信息技术等通用性知识。②专业能力,包括教学目标计划设计、基于工作过程的教学设计、教学情境设计、学生个性化教学计划设计、校本课程设计等教学设计能力;课堂教学中能营造良好的学习环境与氛围,激发学生学习兴趣、职业兴趣及自信心,运用理实一体化等方法,通过应用现代教育技术手段指导学生主动学习和技术技能训练,并能有效调控教学过程等教学实施的能力;学生校外实习与企业的沟通,实训计划的安排,运用相关法律法规保护学生人身安全,维护学生合法权益等实训组织能力;班级管理及开展德育活动能力;指导学生职业生涯规划、提供就业指导和心理辅导的能力;科学有效地对学生进行多元化、全过程的教育教学评价能力;能与学生、家长进行沟通,与同行、同事合作交流,分享经验与教学资源,推动校企合作、产教融合,服务"三农"发展等,与企业、社区、农村农民相沟通互动的能力;教育教学的反思与探索等教育科研能力,个人专业发展规划等提高个人专业素质的能力。

第三节　县级职业教育中心教师专业发展思路

对部分县级职业教育中心教师专业发展情况的调查表明，各校教师的专业发展已经有了良好的基础。县级职业教育教师专业发展的思路来自两方面，一是从学校与教师两个层面进行分析，二是对"引、本、牵、联"四种途径与方法进行探讨。

一、学校与教师

（一）学校层面

1. 教师职业生涯规划"量体裁衣"

学校成立"教师发展中心"，负责统筹学校教师队伍建设工作。中心从学校、专业、教师个人三个层面综合考虑，明确学校教师队伍建设的方向和基本目标，通过与教师个人沟通，结合教师个人特点制定合理的专业发展规划。因人而异，完成教师的职业生涯发展规划工作，为今后教师学习培训、进修和业务实践提供基本依据，同时也构建起教师个人的发展目标。

2. 教师专业培训体系"分层递进"

资源整合而成的职业教育中心，教师来源复杂，专业知识层次复杂，要认真做好教师专业发展的梳理和分层工作，就要提前做好教师专业培训的规划。对于师风师德、现代职业教育理念等共性发展的内容，可以采用请专家到校开展集中"校本培训"的模式进行；对于专业技能、教育科研、教材开发、教学设计、微课制作等个性发展的内容，则针对不同层次的教师因人、因时、因地开展"个性培训"的模式进行，让应势而生的各种形式的培训成为教师专业成长中的加油站，重点提高培训的针对性和实效性，调动教师参与培训工作的主动性和积极性，把培训工作落到实处。

3. 教师专业教学团队"高效合作"

以教师专业教学团队建设作为教师能力提升的抓手，依据学校专业建设的需要及个人意愿，按专业组建教师团队。以教学名师和骨干教师为核心组建的专业教学团队，通过整合教师资源，形成整体优势。教师之间相互取长补短，学习优势，补齐短板，快速提升团队整体实力。学校在项目申报、教学教研、培训学习等方面，要求以专业教学团队方式开展，从而扩大教师交流空间，为教师专业发展开辟新途径。

4. 教师专业发展考评"科学常态"

根据现代职业教育和新时代职业教师的专业发展要求，科学制定教师专业发展考评内容和考评标准。建立教师专业发展档案，帮助教师全面了解自己，明确自己所处的成长阶段和进一步努力的方向。把课题研究、技能比赛、优质课（说课）比赛、论文发表、教材编写、教案、课件、听课记录等材料、参加培训活动的考勤情况和教师个人专业发展规划作为考评的依据，定期进行教师专业发展考评，检查教师专业发展目标实现情况，并把青年教师专业发展水平与职评晋级、评优结合起来，促进教师专业发展和学校教学水平的提高。

（二）教师个人层面

从教师个人的层面看，县级职业教育中心教师专业发展也要有个人专业发展的途径方法。首先，要制订个人职业生涯发展规划，给自己定出职业发展的目标；加强现代职业教育理论的学习，更新观念，紧跟职业教育的前沿；主动承担或参与项目团队，如国家中等职业教育改革发展示范学校、示范特色专业及实训基地建设、名师工作坊或教改立项等工作团队，在团队中历练成长。其次，要不断加强个人教学反思；积极参加教师个人教学能力比赛和主动承担学生技能大赛带赛工作；不断加强教科研能力的提升，加强教学基本功的自我修炼，"站得上讲台，下得了车间"。

二、"引、本、牵、联"

结合岑溪市（县级）职业教育中心的实践与总结，县级职业教育中心教师专业发展从途径方法方面的总体思路可归纳为"引、本、牵、联"。

（一）引，引进人才、理念、模式等

"引"能保持架构"常青"，只有源头活水来，才不会落后。引进理念、人才、技术、方法、模式。立足中心实际，根据学校发展需求，预测中心发展规模三年后在校生人数将达到5 500人，按规划目标生师比18∶1的标准计算，专任教师人数不少于305人，其中专业课教师比重要达到3/5，则每年至少要引进专业教师20人，文化教师13人。

专业人才引进主要依靠高校毕业生吸收录用，以及企业或行业技能精英的招聘。引进方式可借鉴新加坡的职业学校招聘教师方法，公开招聘。结合岑溪市（县级）职业教育中心的实际情况，制作招聘流程如下：专业部提出岗位申请名额——（网络、报纸等）发布招聘启事——参聘者非正式会面（专业部）——面试（学校招聘小组）——呈报行政审议——校长审批——聘用。

严把"入口"。通过入职考核把真正适合当教师，愿意从事教师职业并具备教师素质的人挑选进入教师队伍中来。近几年来，职业教育中心大批量招录大学毕业生，尤其要把好教师选拔的第一道关。在这方面，新加坡新教师入职前的宣誓很值得借鉴。新加坡教师职前培训非常严格，拥有再高的普通学历也不能担任教师的工作，所有立志成为教师的人们都必须经过教育部的面试获准后到国立教育学院进行教师专业技能的学习与培训并取得相应的教育文凭才能成为一名真正的教师，而且每位教师就职前都得郑重宣誓。

建立人才储备库，挖掘各行业技术精英，如酒店高管、农艺师、畜牧兽医师、种养能手等，备案在册，如有短期培训项目可聘为客座讲师。

引进新理念、新技术、新模式和新方法。凡有教师外出参观学习或下企业参加一线生产实践，回来后要上交一份参观学习或生产实践的心得体会。其中的内容要求就有一项是专门介绍本人学到的新理念、新技术、新模式和新方法，由学校教师培训中心负责整理收集，形成一个知识库，供全体教师分享，如经论证可行的加以推广。

在引进教师方面要做好的后续工作是新入职教师的职前培训。近几年，新教师一般都在每年的六月份到校报到，学校可组织新教师在七月暑假结束前，先在学校感受职业教育生活一个月。然后依托高职师范院校，参加教育理论及教学方法等知识的学习，为期三个月。九月底回校，安排跟班实习，跟踪期一年，在第二年八月，组织新入职的专业教师参加教师资格证考试，合格者签约聘用。

（二）本，校本培训

校本培训指的是源于学校课程和整体规划的需要，由学校统一组织，旨在满足每个教师工作需求的校内培训活动。校本培训的定义界定有以下两个方面：以学校为基本单位，从学校实际出发，解决学校和教师面临的问题；以专家为引领，以本校教师为教学资源和教学对象的培训活动，学校拥有充分的自主权。学校是培训的主体，教育行政部门和教师培训机构是指导与合作关系；与学校和教师的教育教学实践活动紧密联系。

结合县级职业教育中心学校的实际情况，依据职业教师素质发展理论和教师职业生涯周期理论。坚持"走出去、请进来、上附高校、下靠企业"的原则，主要从"三个领域"和"四个层面"着手开展校本培训。

"三个领域"，即培训的三方面内容：一是职业道德，指师风师德、教师精神、职业教育精神方面；二是指专业知识，指各专业领域的学科知识，专业技能；三是教育教学技能，指班级管理、课堂组织、备课授课的技巧等。诸多职业教育同僚提到"教学、科研、培训"三位一体的校本研修或者"学术性、师范性、专业性"三合一的职业教育教师专业发展模式，会是我们今后发展的方向。但就目前来看，我们中心还没达到这样的水准，只能立足现实，从眼前做起，紧扣"校本培训"中"以学校为基本单位，从学校实际出发，解决学校和教师面临的问题"这一要义，达到既提高学校教育教学质量又促进教师专业发展一举两得的目的。

"四个层面"，是指从组织开展培训的范围与对象方面区分，有全校、专业部、学科小组和教师个人四个层面。

（1）全校层面。主要集中在教师职业道德建设，职业教育精神熏陶和行为作风规范或者全校性的教师专业技能大赛或教育教学技能竞赛等的培训上；主要可通过专家讲座、先进事迹分享会、校园网上论坛（"一心一德"论坛）、师德师风建设主题活动（论文评比、"职业教育风范奖"）等形式进行，同时，还要指导各专业部实施推进本专业部的教师培养计划。

（2）专业部层面。集中在教育教学技能、专业性的知识和实践技能方面的培训。如专业部内文化课教师多是来自普通中学一线的骨干教师，他们都是师范院校"科班"出身，教育教学理论基础扎实，教学经验丰富，对于没有经过师范教育的专业课教师，他们是最富有实战经验的导师，对专业课教师教学方法及班级管理方面的指导有很大的帮助。同时，专业教师也可以利用其专业的优势，与文化课教师共同分享专业的发展前景、技术发展动向、对口企业用工标准或者产品研发等信息。所以在专业组内开展不分"文、专"的示范课观摩、教学研讨、知识经验分享等活动，并且组织"文、专结对""传、帮、带"行动，有利于教师的专业发展及学校的"双师型"队伍实力的提升。

（3）学科小组层面。相当于普通教育中的学科教研组，对职业学校来说可称之为专业模块小组，如机电专业中的"电子电路""电工基础"；模具专业中的"机械制图"等都属于各专业内的单元模块小组，即学科小组。学科小组是专业教师专业成长发展的沃土，小组一般由技术基础深厚，教学经验丰富的专业老师和掌握着新技术、新理念的年轻大学毕业生以及企业一线技师等人员组成。学科小组层面的校本培训重点放在教师专业技能的提升和项目研发上，促进"产、教、研"的有机结合。可借鉴新加坡"教学工厂"理念，实施项目教学法，每一个学科小组就是一个项目小组，项目小组实行"产、教、研"捆帮发展模式，具体做法如下：产，指专业技术的产出，即教师能设置出适合市场用工标准的课程教材；教，就是教师能传授符合当前或今后企业用工标准的专业技能给学生，新加坡标准是"用明日的科技培养今天的人才"；研，指科研、研发，即教师能解决企业生产中的困难，开发新技术、新产品，三者是互为作用、相互促进的过程。学科小组"产、教、研"捆绑发展模式是一个促进职业教育中心教师专业发展的重要途径。

（4）教师个人层面。主要是在前面三个层面的基础上，发挥个人的主观能动性，积极自觉地提升个人的专业水平，主动参与到学校、专业部和学科小组的培训中来，在不同的培训平台上发挥自己特点，发表言论、见解。把自己融合到整个团队中来，并且树立终身学习的理念，注重个人师德的修炼，专业技术和教学技能的不断提升。如在论坛上写教学反思，发表文章，分享个人的教学心得等。

（三）牵，牵线搭桥

牵，即牵线搭桥，指的是为中心的每位教师创设一个专业发展的平台。职业教育中心的教师来源渠道繁多，层次不同，单纯靠校本培训或者教师自身的努力也只能是闭门造车，要让每一位教师得到专业发展的机会，关键在于学校能为不同层次的教师找到发展的平台。学校的作用就在于牵线搭桥，遵循的原则是"创设平台，各尽其能，共同提高"，做法如下。

（1）搭建专题学习平台。主要是以学校行政领导（校长、副校长）或外出学习进修教师为主要学习对象，要求相关对象每学年内举办一到两个专题讲座（见表5.14），由学校教师发展中心协调统筹后，在每学期教师制订个人专业发展方案之前向全校公布，供教师选择参加。

表 5.14 专题讲座示例

次序	主题内容	主讲	时间	地点
1	职业教育的春天	陈校长	3月10日	礼堂
2	教师专业化	李副校长	4月9日	第二会议室
3	班主任职责	邓副校长	5月12日	第二会议室
4	情境教学	黄老师	6月10日	多媒体5室

（2）组织对外交流学习。根据不同专业部年度建设重点，组织各专业组长、骨干教师到同类或更高层次院校参观学习。如2011年春季期，计算机专业重点工作是实训设备改造，可组织该专业部分人员到区内实训设备先进、教学水平高的学校考察学习。由学校或通过上级部门了解并联系到要考察的目标学校，双方沟通确定考察方案后，由该专业组织派教师前往，避免考察无目的或流于形式，甚至去看看就罢了。

（3）广泛建立专业学术联盟。为教师提供专业领域的精英人才库，如广西南宁工业学校的模具专业是全区的示范专业，在全区有最具权威的专业精英，作为县级职业教育中心就要主动寻求与此类学校建立良好关系，期望通过对口专业信息互通、学术共享，形成联盟；也可通过学校间的沟通，为教师创设与别校同专业学校教师组织专业学术论坛的机会，以促进教师专业发展。

（四）联，联合办学

联，联合办学，指校校联合和校企联合。在这里所讲的"联办"着眼点不是在学生的输送与培养方面，而是指教师的培养提高方面。

校校联合是指与高等学府联合办学，一类是高等师范院校，一类是高职院校。这是"上附高校"原则的体现，目的是借助高等学府的学术权威与技术力量，提高教师的专业水平。

（1）与高等师范院校联办。其作用有三方面：一是学校可以得到高等师范院校的师资力量的支持，派出资深教授，指导职业教育中心教师在教育教学方面的发展，提高学术研究水平；二是高等师范院校可为职业教育中心教师，尤其不是科班出身的专业教师量身定做一套提高教学能力的课程，还可以通过教育学心理学等教育理论的学习取得教师资格证，壮大"双师型"教师队伍；三是高等师范院校也可利用职业教育中心的培训资源优势，设置部分课程的教学点或者成人教育函授点（如区内的广西师范大学或广西师范学院等）。

（2）与高职院校联办。其作用有四个方面：一是依托其先进的专业技术和设备，职业教育中心可定期选送专业教师或文化转型教师参加专业对口培训；二是借助高职院校的专业师资，指导职业教育中心的课程开发、专业建设等；三是为本校专业教师创设一个与高职院校信息互通的渠道，可以随时得到技术咨询的机会；四是能为本校教师在项目研发上提供技术与设备的方便。目前与岑溪市（县级）职业教育中心联合办学的职业学院有八所，但多所为机电工程类院校，而农林类高职院校还是一片空白，是今后三年的突破点。

（3）校企联合，即职业学校与企业建立合作关系。形式有两种，一种是战略伙伴关系，学校与企业合作设置专业或课程，企业为学校提供设备和专业技术人员，利益分成；另一种是企业不参与办学的合作伙伴关系，学校的学生到企业实习或就业，而企业员工的培训也通过学校完成。

不论哪一种形式的校企联合，都对教师专业发展有很大的帮助，企业入校，为学校带来了产业一线的技术、理念和先进的教学设备，教师与企业技师在共同培养学生的过程中形成了教学团队。教师从中更新自己的知识体系，提高技能水平。此种联合模式是教师专业发展的一条捷径，但引企入校对办学成本是一个很大的挑战，在中职教育逐步走向免费教育的时候，学校或政府要通过向企业补贴的方式引企入校无疑就是一种巨大的挑战。所以，目前采用的多是另外一种方式，即学校与企业只是合作伙伴关系，建立合作协议，学校为企业培养或提供技术工人，企业为学校提供学生或教师实习的机会。

职业教育中心校企合作的走向应是介乎以上两种形式之间，既不是校企联合办学的战略伙伴关系，也不只是简单的伙伴合作，而是"产、教、研"一体的合作模式，教师深入企业，学习一线生产技术，同时参与企业技术改进的研发工作，为企业解决生产技术上的实际困难，而企业也会在信赖与合作的基础上为学校提供实训的设施设备。教师的专业化水平得到了发展，企业也得到了减少开发成本的收益，达到双赢互利的校企深度合作关系。

第三部分

他山之石

"他山之石，可以攻玉"。认识国（境）外职业教育发展的模式与特点，学习国（境）外职业教育及教师专业发展的成功经验，站在职业教育巨人的肩膀上，是大力发展县级职业教育中心建设，推进县级职业教育中心教师专业发展的有益借鉴。这一部分通过介绍美国、新加坡、德国等发达国家职业教育教师专业发展经验做法，如职业教育教师的入职条件、专业发展的要求及目标，以及教师专业发展的途径和服务体系等，从中学习运用，为县级职业教育教师专业发展吸收一些可借鉴的元素。

第六章 国外职业教育教师专业发展经验借鉴

信息化、大数据、工业4.0等时代发展新变化，对职业学校教师提出了更高的要求，教师把自身的专业发展作为提高技能的一种手段，不论是新入职教师还是资深教师都需要持续的专业发展。一方面，职业学校教师要跟上职业领域和教学专业中高速发展的新技术；另一方面，职业学校的教师要适应新的、非传统的学生，帮助学生从学校过渡到工作，这就要求教师与社会中的商人代表、企业家以及教育家的合作，开发综合课程，并且掌握新的技术，因为这些新技术在不断地改变着人们的工作、学习和生活方式。为适应这些角色及责任的转变，国外职业学校教师专业发展的策略更富有创新性。

第一节 美国职业教育教师专业发展

一、美国职业教育教师入职资格

美国职业技术教育对教师的实践性与技术性的要求比普通教育教师高，其教师资格除州政府颁布的有关颁发教师资格证书的有关规定外，特别强调职业学校教师的实践经验。

教师资格的一般要求。教师胜任他们的教学工作，一般应在他们所教范围取得学士学位，并对所教技术课程有一年以上的实际工作经验，在合适的技术领域有 5 年以上经验的可代替学士学位要求。

负责安排和监督执行教育计划的人，必须有硕士学位或其他高等训练的经历，并有相应领域的工作经验；而教师则需要有工业、商业、销售方面的最新经验，或者有所讲授技术的有关专业的实践经验；社区学院的教师要具备硕士学位，但实际上主要是基础课教师具有硕士学位，即本科毕业后又学过一年教育学、心理学和教学法等科目，而专业课教师往往是具有学士学位的本科毕业生，但必须具有 3 年的实践工作经验，也有学院聘用无学位的老师，但必须有相应的职业经验和技能。

美国俄亥俄州麦代纳地区职业教育中心招聘教师的要求有其特殊性，即在职业技术教师短缺的情况下，对教师的资格往往采用变通灵活的方法。该地区职业教育中心对招聘职业技术教育教师的要求是：至少具备不低于高中毕业的文化程度；至少在本领域内具备 7 年的最近工作经验。凡达到以上基本要求的，必须在教育学院进行教育理论和技能的短期训练，学习教育基本理论、课程设计、教学方法、课堂管理等方面的原则和原理，并取得若干学分，之后可发给有效期为 1 年的试用教师证书。在教育学院和地区职业教育中心视导员的指导下，在地区职业教育中心试教 1 年，同时，还要利用业余时间，继续进修职业教育课程达到若干学分。经试用合格者，可发给有效期为 4 年的短期教师证书，成为正式的职业技术教师。

二、美国职业教育教师的在职培训

（一）企业实践

企业实践是美国职业学校教师专业发展的主要策略。企业工作经历给教师提供一个获得在工作中运用第一手知识的机会，教师能从中了解企业员工在生产过程中如何综合运用各学科的知识、观念和技巧来解决生产中的实际问题，并通过真实生产情境的体验，教师可了解到灵活应用技术在解决生产过程中实际问题的重要作用。教师在获取企业实践经验的基础上，将引导学生学习真实经验，并促使学生学习使用专业知识、学术知识以及一些合作技巧或推理技巧等。在美国，教师的企业实践活动可通过校内实习、校外实习和旅行参观三种专业发展活动进行，以加强与职场的联系。校内实习主要是针对职业学校新任教师进行的，通过直接与学校管理者共事，让教师了解职场环境，更重要的是要让这些职业教育新手学会如何与商家合作。校外实习是指职业学校教师在特定的时间内，在校外一个指定的企业工作，经历真实的生产环境，发掘专业领域中的职业道路的能力，加强与企业的联系，掌握不同工种的核心技能，并不断增强变革意识，提高专业水平和改进教学方法，有利于教师在教学中能运用实际例子帮助学生理解理论知识并运用于实践。旅行参观，如肯塔基州立大学、肯塔基州职业技术中心与当地一些技术中心举行的"工业探险旅行"，帮助职业学校教师认清企业的需求和工作要求，获取就业信息，为学生就业提供指导，旅行一般持续一个星期，主要有参观工厂和参观后的讨论分享等活动。

（二）掌握新的教学理念与评价方法

不少欧美学者认为，在培养职业学校教师的过程中，不应沿袭传统的师徒关系，而应该把学生看作是主动学习的伙伴，实行合作学习与选择性的学习，教师要尽力为学生创造一个适于思考而又能激发其积极性的学习环境。如美国现行的教学体制要求教师发展要适应作为一个合作者、学习的助手和终身学习者这些新角色的新教学方法，教师应对工作了如指掌，并使学校教学与生产工作对接；强调要注重即将执教的教师在不同学校实践的学习经验，因为不同的学校综合了教师的发展与各种教学活动，能面对不同的学生群体。而在评价方法方面，强调职业学校教师要摒弃传统的考试方法，提倡评价方法，即学生的目的是学习而不是考试，注重成绩而不是名次，重在学生对知识的掌握而不是分数的高低，提倡采用多种成绩评定，比如，通过教学文件包、专业的评价中心等方式进行评价。

（三）参与实验车间的活动和讨论

在美国，职业学校的这种形式的讨论活动为更多教师能聚在一起相互学习、分享资料提供了机会。职业学校的教师要花足够的时间与精力以确保讨论会的成效，要提前准备讨论会上要介绍的信息和理论基础，并做一些相应的实操演示，在相互讨论之中得到反馈并确定后续的改进措施。技术对教师专业发展来说至关重要，通过专题讨论会将会影响其他教师，所以参与专题讨论的教师自己首先要明白要分享的原理、理论，熟练掌握运用新的教学方法技巧，并把平时在课堂教学中的反思与参加讨论的同行一起分享，听取与会者的评定，确定今后的改进措施，并把这些知识运用于日常的教学。这种实验车间和讨论活动对职业学校专业教师的专业发展很有成效。

（四）建立与其他教师的联系

通过与同事讨论教学并进行尝试，共商教学策略，通过这种方式获得的智慧直接运用于课堂教学。职业学校要广泛建立教师网、工会、专业组织等平台，为教师提供与其他同事在一起讨论聊天的机会，以了解相关行业产业的发展情况、市场动态、经济或就业等。

（五）提高教师技术技能

运用教育技术提高职业学校教育教学质量，是世界各国教育发展的趋势，但学校教育技术远跟不上科技的高速发展，信息化教学在教师培训机构中使用率还不高，部分教师在教学中并不规范这些技术的使用，教师教育技术能力的提升也是其专业发展的重要领域。为提高职业学校教师的技术熟练程度，通过组织一些与教师任教学科领域对应的教育技术的培训活动，给教师在课堂教学中规范使用技术提供帮助。

第二节　新加坡职业教育教师专业发展

"有效的教师才能培养出有效的学生。"新加坡教育部原部长张志贤指出。新加坡是一个重视教师教育的国家，也是世界卓越的教育枢纽。在知识经济社会，教师专业发展水平是教育改革成败的关键。

师资和课程一样,永远是职业教育的一大难题。新加坡职业教育成功的原因,除了政府的政策主导之外,关键是有一支富有市场经验和开拓创新精神的专业教师队伍。从 20 世纪末以来,新加坡政府着手加强促进职业教育教师专业化发展的进程,教师素质有了明显的提高。

一、入职、职前及在职培训

(一) 严把"入口"

新加坡的理工学院和工艺教育学院是政府资助的职业教育机构,在教师选聘上拥有自主权,学院通过网络和报纸自主向社会公开招聘教师,教育部只核定人员编制。教师招聘的条件是:大学本科或本科以上文凭,有三年以上与所报岗位相一致或相关的工作经验。如果是新兴行业,可以是专科文凭,但一定要有三年以上工作经验。其他资质还有如会话技巧、与学生沟通能力、教师人格,以及工作背景等方面。

具体做法:提出任教申请者,先与提出申请的院系主任或系里的高级教师非正式面谈。如果系里觉得可以录用,则会同人事部门进行第二轮的正式面试,面试人员有系主任、人事部主任和一位其他部门主任组成三人小组。面试合格,由人事部门提请院长批示,批准后再签约。合约有两年制和三年制,两个合约期后可视教师表现转为终身制教师(校方不能随意解聘)。此外,学院还聘请一部分兼职教师,无合约,以学期为限。

(二) 职前培训

新加坡职业院校尤其重视教师的职前培训。通过教职员的职前引导课程,使教师对学校的办学理念、工作环境、教学模式等有进一步的了解。同时,学院教师发展中心也将对新入职教师进行教育学和心理学的课程辅导,辅助新教师建立良好的教与学的关系,促进教学技能的掌握,并且对教师进行课堂实况录影,对教师的课堂教学进行跟踪和分析,加以鼓励,使新教师能迅速融入新环境,顺利进入教师角色，发挥其专长。工艺教育学院教师工作的头两年，还有领导听课，每3个月写一次教学总结，教学反思，共8次。

（三）在职培训

在职培训是新加坡职业教育教师实现专业发展的主要途径。

新加坡职业教育教师在职培训多样化，但多以校本培训为主，让教师通过工作，在本职岗位上学习提升，通过项目开发、技术开发、应用科技以及工作部门间的调动进行专业化发展。

职业学院教师每年安排100小时的培训，经费由学院负责。理工学院和工教院教师培训的内容不尽相同，包括参加总部和培训中心的课程，或企业公司的课程。学院内部一般采用项目带动式的培训促进教师的专业发展。"教学工厂""经验积累与分享""综合科技教学"和"校企合作"等培训方式都是教师专业发展的主要途径；还有工艺教育学院的"教师工业实习计划"（Industrial Attachment for Staff），鼓励教师深入企业学习，按规定，在职业教育师每5年要有3个月的企业实习经历。

二、教师专业发展模式

当前较为流行并被证明行之有效的教师专业发展模式：个别指导、通过合作解决问题、教学观察与评价、培训及行动研究等五大模式。

目前，新加坡各职业院校在市场为导向的办学策略下，不断改革与创新，探索符合教师专业发展的思想和理念，形成独具特色的教师专业发展模式，如图6.1所示。

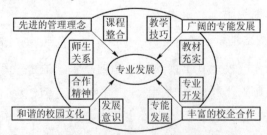

图6.1 新加坡教师专业发展模式

（资料来源：夏引红．中新高职教师专业发展研究）

（一）先进的管理理念引导

新加坡职业院校的管理者多来自大型企业或政府经济发展的最前沿部门，掌握国家经济发展的脉动，了解企业发展的动态，是引领科技进步的权威，是树立创新理念的灵魂人物。在"用明日的科技培养今天的人才"的口号引领下，"教学工厂""经验积累与分享""综合科技教学"等先进理念纷纷出台，给教师的专业发展指明了方向，也给教师的专业发展提供了平台。

例如，新加坡在1979年由南洋理工大学率先提出"教学工厂"的概念，它是在西方先进职业教育办学模式的基础上发展起来的，是将实际的企业环境引入教学环境中。教师通过教学工厂的项目研发，首先要求教师要有一定的能力和企业经历，使教师能力得到自觉的持续提升，同时通过研发新成果，掌握一些专业领域内的高新技术，改变了学校永远走在企业后面的局面。"教学工厂"是有效的教师专业发展模式。

此外，科技的快速发展，"经验积累与分享"为教师提供了一条专业快速成长的途径。所谓经验积累与分享就是每位教师在完成一个科技项目时，将项目的内容、核心技术、研究进展、问题和难点等积累收集，形成一个知识库，供全校师生参考。教师也可以通过经验积累与分享知识库提取可用的项目实例个案，拓展教学思维，丰富课堂教学。知识库就成了教师专业延拓的起点和能力精进的平台，使教师专业发展得到了有力的保障。

（二）广阔的专业发展平台催化

新加坡职业院校把培养教师作为办好学院的最重要工作。当一门新科技将导入学院时，首先关注的不是设备，而是师资，通过先培养3～5名火车头式的骨干，然后确定新技术课程教师数量，派出有能力者赴企业接受培训，确保新技术的引入。其次是对逐渐退出市场的专业，对原专业教师进行能力基础的转型，如聘请企业专才讲课、轮换到科技园协助开发与研究或出国学习考察。同时，以项目中心的专能开发为平台，让教师有机会进行从个人到各院系共同参与的各种级别合作，使教师的专业发展有了纵向延伸的可能，并使教师树立团结协作意识，自觉投入到教育教学研究工作团队中来，使自身的发展得到多方的支持。学院双轨制的教学运作模式，为教师专业发展提供了广阔的平台，使教师的专业发展可以根据社会和经济的发展及时调整和转向，专业知识得以拓宽，专业发展永无止境，促进"无货架寿命"教师团队的形成，确保教师不会被科技和社会淘汰。

（三）和谐校园文化的孕育

新加坡理工学院和工艺教育学院通过经常性的院系整合，开发一系列的专业技术中心，来提升专业教师的项目研发能力。为了促进不同系部与专业之间的项目和教学合作交流，提高教学资源的利用价值，增进团队协作精神，同时也为强化师生的专业能力，学院提供了更多的综合技术创新与应用机会，提高学院的灵活度，各尽所能，提高能力。同时，学院还强调各专业之间的"无界化"合作。开辟技术无界化、人才无界化、校园环境无界化等一系列无界化校园文化。同时鼓励教师的终身学习，处处创新，培养超前意识，培养肯干精神，形成积极向上的组织文化氛围。

（四）丰富的校企合作机会促进

在强调学院内部机制对教师专业发展的作用时，各院校更积极寻求社会和企业的多方支持，校企合作便是其中最有效的发展平台。

坚持与全球趋势、科技发展、商业模式、工业结构、资讯信息、市场需求等紧密结合，是新加坡校企合作的原则。各学院积极与本地和外国企业、学校、政府机构联系合作，吸收市场的最新信息，开发系统专能，扩充教学与发展资源，为教师提供项目研发经费，提供国内外企业培训机会，提升教师专业素质。学院过硬的教学质量和技术水平，得到企业的认同，并与校方建立战略伙伴关系，愿意为学校投入资金和一流设备，为学校注入新的发展动力；同时，学校也为企业解决难题或设计产品，为企业创造价值，并为企业培养实用型人才。新加坡职业院校与其本地及世界各地的大中型企业都有着密切的联系。具有实质性的校企合作，拓宽了学院各专业的发展平台，直接触及企业脉动，与时俱进，这是一种富有远见的双赢校企合作模式，更是一种快捷的教师专业发展途径。

新加坡职业教育教师专业发展采取的是通过先进的管理理念引导、广阔专能发展平台催化、和谐的校园文化孕育和丰富的校企合作机会促进"四位一体"的教师专业发展模式，是一种创新性的有效发展模式，值得借鉴。

第三节 德国职业教育教师专业发展

德国素有"工匠王国"之称，是世界上职业教育最发达的国家，有着悠久的历史和深厚的文化。德国从其民族特性、思想观念和价值取向都蕴涵着对职业教育的高度重视，德国民众的国家观念把职业教育同国家的未来联系起来，把产品的制造与民族的未来联系起来，认为职业教育是影响国家前途的大事。德国创立的以"双元制"为标志的职业教育体系，被公认是成功的职业教育体系，为德国经济的发展做出了卓著的贡献，也对其他国家的职业教育发展产生了深刻的影响。

一、严格的入职资格

在德国，没有经过系统师范教育并达到规定考核标准的人，绝对不能从事任何教育培训工作，这是有法可依的。德国职业教育教师的任职资格要求极高，教师的培养是通过严格的过程控制来达到其质量要求的。报考职业教育师资专业有2项要求：一是大学的入学资格要求，除了必须持有文理学校的毕业证书外，还至少要有一年以上的企业实习等工作经历；二是任职资格要求，学生完成九个学期的大学学业后，要参加二次国家考试。第一次国家统考，是对学生知识与技能的鉴定，之后经过两年的预备教师期或实习实践后，还要参加第二次国家考试，这是对学生经验与能力的验证。通过了国家两次统一考试，才能获得职业教育教师的资格。

"双元制"职业学校教师的任职资格要求更严，既要有相当熟练的专业技能，又必须掌握扎实的专业理论基础。该类教师培养要求，学生在上完九年级或是十年级后，首先必须经过三年半"双元制"的职业技能培训，并获得岗位资格证书，然后经过一定时间的职业实践和文化课学习，再进入专门培养职业教育师资的职业技术师范学院。职业技术师范学院通常设在综合性大学之中，本科层次，学制一般为四年。由于德国要求未来的职业技术学校专职教师必须胜任两门课程（一门专业课或专业基础课和一门文化课，如化学和金属工艺学）教学，又有大量的实践性教学环节，所以大部分学生要上够五年才能完成大纲要求的学分并拿到毕业文凭。毕业后不能直接任教，还必须过三关：首先须参加国家组织的第一次职业技术教师资格考试；其次，合格者取得实习教师的身份，进入州政府开办的教师实习学院，度过两年的教学实习期，在这两年里，三分之二的时间在相应的职业学校里由导师带领实习教学，三分之一的时间在实习学院接受更高层次的师范教育，学习掌握教育理论；最后，顺利完成两年实习教学和师范理论学习任务的实习教师，可以参加国家组织的第二次职业技术教师资格考试，合格者才可获得正式岗位资格证书，应聘去职业学校独立任教。

职业技术培训机构的实训指导教师（师傅）也要具备相应的资质。此类培训机构由企业、行业开办，办学条件要达到国家规定的标准，培训质量必须满足用人单位对人才规格的要求。这些培训机构中成为一名实训指导教师，必须完成如下的学习任务：首先经过三年半的"双元制"职业培训，获得岗位资格证书；其次经过一定时间的职业实践（一般在两年以上）；最后完成专业学校（师傅学校）的学业并获得相应文凭和岗位资格证书。在"师傅学校"毕业并拿到相应的文凭和资格证书以后,即可取得"师傅"这一称号。具备这种身份的人,才可以独立开业、带学徒和担任培训机构的实训指导教师。

二、教师依法参加培训进修

德国政府还制定了继续教育法规,规定教师参加培训进修是一种必须履行的义务。在德国,根据各联邦州的法律规定,职业教育师资要不断接受新技术知识、新规范的继续教育,并根据专业教师、普通教师、新学科教师三种不同类型制定培训计划和评估标准。同时根据不同的内容、要求和层次分级进行培训,形成全国性的师资培训网络。

(1)州(相当于我国的省)范围内的进修,由州文化部组织,每个课程培训时间为一周左右。通过培训,要求教师掌握新的教学方法和教学形式,掌握小组工作方法及新学科的内容。在培训过程中,他们注重教师各方面能力的提高,如专业能力、社会能力、方法能力等。他们认为,欧洲社会经济的变化是动态的,经济货币一体化的趋势,信息和通信技术的发展,工艺技术的变化,对劳动对象、劳动方式、劳动者都产生了深刻的影响,从而对职业教育的内容和方法提出了新的要求,对教师提出了新的课题。他们根据新概念制定教学计划,重点突出教学论和方法论。他们还要求理论课教师要到企业实践一段时间,以了解企业发展情况,掌握新的工艺技术,更好地改善学校和企业之间的合作,促进职业教育。

(2)地区一级的进修,由区政府组织,每个课程时间为1~2天。地区级的教师进修是相邻学校的联合培训,由地区培训局负责,有专门的工作人员负责该地区教师的培训。每个培训点下设若干个教学点,每个培训点都有一个培训目录,培训课程根据本地区实际制定。

(3)学校内的教师进修,由学校组织,较灵活,根据学校的发展,缺什么补什么,时间也是不定的。不同的职业学校有不同的教师进修课程,校内的进修是由专业组进行的,结合本校教师的实际需要,由专业小组将州进修的内容框架进行重新编制,开出培训课程,并组织考试。培训多采用互动的方式进行，培训者与受训者、校际共同参加培训的教师之间互动，交流经验。同时，校内的培训还特别重视加强新进教师的培训。

德国职业学校教师是分级、分类培训的，每个教师平均每年培训不少于5天，另外，德国职业教育有关法规规定，每位教师每5年至少有2周的时间到企业实习。教师参加培训是免费的，经费由政府资助。

另外，教师学习一门新专业的课程可到大学或州研究所培训获得资格证书。但参加此类培训是要付费的，而且教师都是在业余时间参加学习。参加此类培训的都有一定的入学条件，并要求学完全部课程，参加考试，凡考核合格，在大学培训进修的颁发全国承认的可上该门学科的教师专业资格证，在州研究所参加进修学习的颁发州承认的可上该门课的教师专业资格证。

三、重视校长专业化建设

"一个好校长就是一所好学校"，德国也是如此。德国对校长的培训非常重视，他们认为，抓好校长的培训对整个世界教育发展来说都是一项重要而艰巨的任务，校长担当的是学校中的综合角色，具备各方面的能力。德国学校校长是通过竞选由政府有关部门考核任命的，一旦任命、校长实行终身制。在竞选校长之前参选对象必须参加有关科目的培训，如"教育学""心理学""学校管理""教育政策法规"等课程。他们认为。虽然校长是由学校的教师选举产生的，被大多数人所接受，但其能力和创新精神并不一定是最好的，因而必须加强对校长的培训，并在实践中不断提高。校长培训课程中最主要的是管理方面和交往方面的内容。校长的培训多数是由各州的继续教育和课程开发研究所负责，请专家上课。

四、紧扣"双元制"培养模式

"双元制"是德国职业教育的主体和核心，是德国职业教育的基本制度，是由培训企业和职业学校双方在国家法律的保障下，分工合作培养技术工人的职业训练体系。"双元制"体现了国家、私人、学校、企业等各方面的通力合作，职业培训与生产过程密切结合。由于对经济部门的需要反应十分敏感，职业学校能够即时预测职业结构的变化以及劳动力市场的需求，并相应地不断抛弃过时的或多余的训练职业和训练章程，是高度灵活的和高效的职业教育训练体系。

双元制，职业学校与训练企业是该制度的双元，是指学生中学毕业后，职业学校和企业密切配合，在教育中实施理论与实践并举的职业教育方式，二者分工合作，企业与国家共同对职业教育负责，具有双重性。接受教育的学生具有双重身份，既是企业受训练的学徒，也是职业学校的学生，国家既对学徒训练负责任，又要尊重私人自治的原则，企业不仅关注自己的经济利益，又要承担法律规定所应负起对职业教育的责任。

德国"双元制"的职业教育与培训[1]，其专业设置与教育计划是根据与国家部门及社会福利关系密切合作的劳工界的需求而确定的。尽管各个企业的情况各不相同，但所设置的专业必须保证全联邦在培训质量和教育水平方面达到国家统一的标准要求。目前德国有300个左右国家承认的培训专业覆盖职业岗位群。各专业的培训内容及所要求达到的水平由负责该项目的专业部长，如联邦经济部长或联邦农业部长分别在与联邦教育与科学部长取得一致意见的情况下颁布有关的培训章程。每个培训章程都规定了培训职业或专业名称、培训规格、期限、应获得的技能与知识的培训总量以及考核要求等。培训章程一旦公布，将作为法律条令对企业的培训工作产生约束力。在"双元制"下，职业学校的教育和企业中心培训是同时进行的，受训者必须是联邦各州法定学校的学生，在职业学校学习期间，教学重点大约60%为专业课程，普通教育课程为40%。受训者每周3~4天在企业中接受所学专业的技能培训，培训工作可以在很大程度上以生产性劳

---

[1] 周全生．谈德国职业教育的先进性及教改动态 [J]．常州工程职业技术学院院报，2007（02）．

动的方式进行。职业学校的总教学计划必须与培训章程协调一致，每一个培训章程都包括一个培训总计划，该计划详细指明了应按何种先后次序使受训者在技能和知识上达到起码要求。在总计划基础上，企业制定出自己的操作性培训计划。受训者通过培训，不仅学到了许多职业所需要的知识和技能，而且获得了今后职业活动所需要的重要经验和能力，如怎样经济有效地独立工作，怎样与周围有关人员共事、与同事和上级合作以及同顾客、供货商打交道等。

德国"双元制"职业教育依法实施[①]。德国早在魏玛共和国时期就普遍实行职业义务教育，而德国"双元制"职业教育的法律依据则是1969年联邦德国颁布通过的《职业教育法》。法令规定企业的权利、职责和义务，训练的目标和训练过程中从实践、场地到培养方式的细节等，条款十分详细，可谓面面俱到，使企业在职业教育中做到了有法可依。如法令规定作为职业训练承担者的企业要与接受培训的学徒签订合同，合同要包括：职业训练的性质、内容和时间的安排；训练的实施及时限；劳动报酬及休假等条款。而学校方面的职业教育，其法律依据则是学校法和义务教育法，规定职业教育也是义务教育的一部分，学生从国民学校毕业后大多进入职业学校，学习职业相关的理论知识，学制一般为3年，规定职业学校每周进行12课时以内，即每天1~2小时的专业理论知识的学习。

第四节　国外教师专业发展经验的启示

教师的专业发展是通过职前教育、职后继续教育和培训不断积累知识、技能与能力的过程，包括培训与培训模式、课程设置、修业年限、能力与品格的形成、考核与资格认证、薪酬和社会地位保障、继续教育与培训、经费投入、管理等。

对于县级职业教育中心而言，自身内涵不强、缺乏吸引力是发展

---

① 辛儒．德国职业教育"双元制"及其对我国职业教育的启示［J］．河北大学成人教育学院学报，2006（01）．

的主要问题,而目前县级职业教育中心学校教育教学的主阵地还在课堂,因此担任课堂引导角色的教师则成为县级职业教育中心决胜职业教育改革的关键因素。县级职业教育中心教师"缺、劣、杂、陈"等现状问题仍旧是其发展的主要瓶颈,这也是我国加快发展现代职业教育,提高职业教育质量应重点关注的问题。县级职业教育中心作为目前我国农村职业教育的主要发展模式,在国家深化推进产业转型升级、实施乡村振兴战略的经济背景下,新领域、新技术的不断涌现,对职业教育提出了更高的要求,教师专业发展成为职业教育发展及教师个人成长的迫切需要。国外职业教育教师专业发展的经验给我们很多有益借鉴。

一、切实提高教师的待遇和社会地位

教师缺口大、教师专业化程度不高、素质低是影响县级职业教育中心可持续发展的重要瓶颈。如何吸引、稳定和提升县级职业教育中心教师队伍,加强师资队伍建设,促进教师专业发展,有待进一步的学习借鉴,不断加大研究的力度,提升理论水平。

县级职业教育中心教师社会认可度普遍比较低。受县域经济基础薄弱等因素影响,职业学校教师的工资待遇相对较低,与义务教育教师工资也有一定差距,要达到《教师法》中规定的"年平均工资不低于公务员工资水平"的要求,还有一定差距。在广西某县 2018 年政府履行教育职责评估督导工作中,在"依法保障教师待遇"这一硬性指标方面,经当地财政及人社部门提供的数据,教师年平均工资收入为 67 670 元,公务员年平均工资收入 81 249 元,教师的平均工资收入水平低于当地公务员平均工资收入水平。而作为不是义务教育学校的职业教育中心教师,还不能享受义务教育乡村教师的生活补贴,即县级职业教育教师的工资待遇还要低。工资待遇低、社会认可度不高,是县级职业教育中心教师专业发展的一大障碍,也是县级职业教育中心教师队伍不稳定和缺少吸引力的重要原因之一,据统计,职业技术师范院校和普通高校二级职业教育学院培养的本科职业教育师范生,进入职业学校担任教师的,最多不过 10%。

合理的薪酬和较高的社会地位是教师生活的基本保障，是激励其参与专业发展活动的重要手段。德国职业学校教师待遇与社会地位普遍较高，在德国的学校系统中用于教师的开支一直都占据很大的比重，而教师也享受着较高的薪酬待遇，相对于德国社会的平均工资，职业学校教师的薪酬待遇十分优厚，职业学校教师的平均工资相当于一般工人平均工资的1.5~2倍。

二、严格教师入职资格和灵活变通的教师招聘制度

县级职业教育中心从规模扩大到内涵提升的转型过程中，经历了学生人数暴涨的历史阶段，当时的师资尤其缺乏，从普教学校、工科院校和社会各层都聘用有不同的专业人员担任学校的专业教师，从教人员良莠不齐，教育教学质量难以保证，却是当时的权宜之计。然而县级职业教育中心从"量"走向"质"的发展之后，对教师的入职资格要有新要求。国外职业教育教师的入职条件是很好的借鉴。

国外对职业教育教师入职资格要求极高，甚至高于普通教育的入职要求。美国职业学校的专业教师一般要求要取得学士学位，社区学院的教师要具备硕士学位，如果在合适的技术领域有五年以上经验的可代替学士学位。而在德国，法律规定没有经过系统师范教育并达到规定考核标准的人，绝对不能从事任何教育培训工作。

教师招聘严把"入口"关，但也要有较灵活的招聘制度。如美国俄亥俄州麦代纳地区职业教育中心在职业技术教师短缺的情况下，招聘教师的要求有其特殊性，对教师资格往往采取变通灵活的方法。日本职业教育在教师队伍建设过程中，发生过师资严重不足的问题，主要解决的办法是通过从其他单位持有工业教员许可证的现职人员中调拨以及设立国立工业教员养成所、制定优惠的政策法规等措施缓解师资矛盾。

县级职业教育中心师资不足的问题，特别是专业教师的严重缺乏，是学校可持续发展的重要瓶颈。我国有庞大的人口资源，可以借鉴美国、日本等国灵活变通的教师招聘制度，通过设立多层次、多类别的职业教育教师资格证书制度，从学校、企业、社会吸纳人才，扩

充职业教育师资队伍，解决县级职业教育中心教师紧缺问题。

三、对教师的实践性要求高，注重"双师型"教师发展

县级职业教育中心教师专业发展的突出问题是"双师型"教师占比不高，双师素质不高。而国外职业教育在双师型教师培养方面的经验值得借鉴。

国外职业学校教师要求具有丰富的实践经验，并一直与企业保持着密切联系。如美国职业技术教育对教师的实践能力和技术技能的要求比普通教育教师要高，专业教师聘用一般要求要有3年以上的实践工作经验。为使开设的专业与所学内容能够适应社会的需求，他们定期召集各行业的企业代表参加座谈会，随时听取企业对职业教育培训的意见和建议。而新加坡的理工学院，非常重视"双师型"师资队伍的建设，十分看重教师的企业经验，如南洋理工学院要求新引进的教师要有5年以上的企业工作经验，学院80%的教师都曾经是企业的业务技术或管理骨干。理工学院教师的引进一般并不追求名牌大学或高学历，只要求是本科以上学历，且大学毕业生如果没有经过企业的锻炼，没有企业的业绩，一般很难进理工学院当教师。

县（市）级政府也要相应出台深化教师队伍建设的相关政策，规范县级职业教育中心教师的准入门槛，严格执行"专业教师原则上从具有3年以上企业工作经历并具有高职以上学历的人员中公开招聘"等政策。2019年2月13日，国务院出台《国家职业教育改革实施方案》（简称"职业教育二十条"）中提出多举措打造双师型教师，即从2019年起，职业院校、应用型本科高校相关专业教师原则上从具有3年以上企业工作经历并具有高职以上学历的人员中公开招聘，特殊高技能人才可适当放宽学历要求，2020年起基本不再从应届毕业生中招聘。实施职业院校教师素质提高计划，建立100个"双师型"教师培养培训基地，职业院校、应用型本科高校教师每年至少1个月在企业或实训基地实训，落实教师5年一个周期的全员轮训制度。

四、制定教师专业发展的管理规定，依法培训

县级职业教育中心学生人数增加，学校规模扩大，迫切需要教师

队伍的壮大，才能保障县级职业教育中心正常的教育教学秩序。由多种师资来源类型构成的县级职业教育中心教师队伍，难免素质各异，水平参差不齐。为了能迅速适应县级职业教育中心日益壮大的学校发展规模及保证教育教学质量，确保县级职业教育中心教师专业发展、教师队伍建设有质量，是县级职业教育中心突破"瓶颈"、实现可持续发展的重要保障，借鉴德国及曾经有着类似问题的日、韩等国的经验，教师专业提升必须要有章可循、有法可依，要做到依法参加培训。

德国政府还制定了继续教育法规，规定教师参加培训进修是一种必须履行的义务。在德国，根据各联邦州的法律规定，职业教育师资要不断接受新技术知识、新规范的继续教育，并根据专业教师、普通教师、新学科教师三种不同类型制定培训计划和评估标准。同时，根据不同的内容、要求和层改分级进行培训，形成全国性的师资培训网络。德国职业学校教师是分级、分类培训的，每个教师平均每年培训不少于5天，另外，德国职业教育有关法规规定，每位教师每5年至少有2周的时间到企业实习。教师参加培训是免费的，经费由政府资助。日本则建立有多样化的在职教师培训制度，主要包括新任教师的进修以及确保每位教师在一定期间内参加进修的机会，如新任教师的进修制度是日本文部省统一规范进行的，规定新任教师在担任现职工作的同时，每周必须保证在校内进修2天（一年不少于60天），在校外进修1天（一年不少于30天）。

五、多元管理，合力推进教师专业发展

现阶段我国职业教育教师专业发展及其相关领域方面，教育机构是主要监管部门，而社会力量参与和支持力度不够、程度低、形式少，并且教育、政府及相关部门也没有为社会力量参与其中提供必要的、合理的、持续的政策引导和良好的支持环境。而国外发达国家在职业教育教师专业发展的多元管理、多方参与、合力发展方面的经验对我们目前县级职业教育中心教师专业发展的单一管理有一定的借鉴意义。

如德国，职业教育系统在长期的发展中形成了企业、行会和其他

相关社会合作伙伴的高度参与，各级政府以及相关教育主管部门等共同管理的模式。参与职业学校教师专业发展管理的机构众多，涉及各级政府、教育主管部门、科研机构、职业学校、经济、就业与社会事务部门、社会团体等。德国职业学校教师专业发展不仅体现多元管理的特色，分工还特别明细。职业学校教师的专业发展是职前教育、职后继续教育及终身学习等的集合，是教师从不成熟走向相对成熟的过程，每个阶段都有不同的内容，涉及不同的部门，如职前是大学的教育，准入由政府与教育主管部门共同认定，在职则由学校、地方教育主管部门及培训局共同组织和管理。从政府、教育主管部门到社会团体或其他机构参与教师专业发展管理的全过程，各机构以共同的目标为导向，以不同的形式共同参与、通力合作，各司其职，为职业教育教师的专业发展创设良好的环境。

六、针对性强的专业发展培训

职业教育中心教师来源很广，既有高校分配来的，也有从相关单位部门调入的，还有的是直接从企业或行业一线聘请来的。他们的来源不同，各自的优势不同，也各有其薄弱的方面。目前大多数职业教育中心教师培训忽略了教师多渠道的来源特点，还是停留在"一刀切"的层面，追求形式，不重实效。培训形式单一是县级职业教育中心教师专业发展存在的主要问题之一，灵活多样、有针对性的培训是提高县级职业教育中心教师专业发展的主要途径，并可借鉴国外先进的经验。

新加坡职业院校的师资培训的渠道非常广阔，如新职技艺的培训、工作轮调、参与企业座谈会、参与有关工作培训项目，课程学习与深造、参与企业实习项目与考察、参与实际工作项目开发、咨询服务、海外授课、参与研究工作或研讨会、在教学企业任经理或在社会企业和公司兼职、重新发展技术训练、技能重新定位、自我提升、个人成长等。

七、能胜任两门以上的课程

县级职业教育中心教师年轻化，多从工科院校毕业就直接到职业学校来任教，入职前多没有经过教育教学方面系统的培训，课堂教学方面主要通过师徒结对向老教师学到一些教学技能。由于县级职业教育中心教师紧缺，教师的任课量相对较重，所以新入职的教师在刚到学校时，也没有经过专门的入职培训，好些只能凭自己高中大学时的课堂印象，生搬硬套他们当年老师课堂的一些教学方式。同时，这部分教师在一专多能方面的确还是有些欠缺的，因为工科院校毕业的学生，比较优秀的都被企业抢去了，能到县级职业教育中心下这种待遇不高、条件落后的学校工作，也应该是无奈之举。而这些新入职的专业教师，能到县级职业教育中心来，学校也是如获至宝了，能沾边的专业课都想让他们包揽，但毕竟水平有限，能上好一门专业课就已经不错，所以职业学校，特别是县级职业教育中心教师能一专多兼，恰是解决教师紧缺，队伍结构不合理的一剂良药。借鉴国外职业教育教师专业发展的经验，各国职业技术师范学院的做法有很好的启发。

国外的职业技术师范学院通常设在综合性大学之中，本科层次，学制一般为四年。如德国，要求未来的职业技术学校专职教师必须胜任两门课程（一门专业课或专业基础课和一门文化课，如化学和金属工艺学）教学。

八、教师专业发展的经费有保障

调查数据表明，县级职业教育中心教师希望学校能通过开设提升现代职业教育理念、教师职业生涯规划和教育科研项目申报的专家讲座；参加国家级、自治区级的专业培训，提高专业操作技能和教学技能；多组织教师外出参观、学习；与名校联盟、与大师结对等方式，促进教师专业发展；通过物质和精神方面的奖励措施来激发教师专业发展提升的动力等一系列的举措，促进县级职业教育中心教师的专业发展。任何一个举措的实施，都必须要有经费作为保障。

所谓"兵马未动，粮草先行"。经费保障是教师专业发展的前提基础。2012年8月20日国务院制定印发的《国务院关于加强教师队伍建设的意见》明确规定，要"切实保障教师培养培训、工资待遇等方面的经费投入。教师培训经费要列入财政预算。幼儿园、中小学和中等职业学校按照年度公用经费预算总额的 5% 安排教师培训经费；2018 年 3 月 29 日，教育部等五部门联合印发出台的《教师教育振兴行动计划（2018—2022 年）》，重申教师培训经费要列入财政预算，按年度公用经费预算总额的 5% 安排教师培训经费。而且要多渠道筹措经费以保障"兵马"的"粮草"。与国内单一的经费来源相比，国外一些职业教育先进国家的教师专业发展经费保障经验有一定的借鉴意义。德国职业学校教师专业发展经费来源广，多类机构提供经费支持，参与的机构主要有：各级政府、教育主管部门、国家经济技术部、国家就业局、企业、行会、公益组织、个体及欧盟和国际教育组织等。众多机构的资助使得职业教育教师的专业发展有了坚实的物质基础。

第四部分

发展途径与保障

百年大计，教育为本；教育之计，教师为本。在理论探索与分析的基础上，对县级职业教育中心教师专业发展的背景、影响因素及发展现状进行分析，找到一条县级职业教育中心教师专业发展之路是本书撰写的最终目的。然而，县级职业教育中心教师专业发展要以什么为依据、发展的方向何在、目标是什么、要达到怎样的素质能力水平，这是本书传递给我们的一个导向信息，也是发展途径的重要基础。

"厚德精技，知行合一"是县级职业教育中心教师专业发展的目标，也是途径。坚持"德育为先、学生为本、能力为重、终身学习"四大基本理念，遵循职业教育规律和"跨界"的职业教育理念，以《中等职业学校教师专业标准（试行）》为依据，结合县级职业教育中心的特殊性，阐述了县级职业教育中心教师专业发展的素质、知识、能力三大目标，分别从共性发展与个性提升这两个方面论述了县级职业教育中心教师专业发展的途径，并提出保障措施。

第七章 县级职业教育中心教师专业发展途径

"百年大计,教育为本;教育之计,教师为本"。打造一支高素质、有特色的职业教育师资队伍是推动职业教育快速发展的关键因素。县级职业教育中心教师来源复杂,有师范毕业和非师范毕业的,有教授文化课和专业课的,有企业技术骨干和社会能工巧匠等。不同的教师其专业发展方向也不尽相同,只有找出教师专业发展的共性和个性点,共性的全面发展,个性的因人而异,不断拓宽县级职业教育中心教师培养渠道,才能有效促进教师的专业发展。

第一节 共性发展

县级职业教育中心教师专业共性发展主要从团队意识、现代教育理念和师风师德三个方面进行推进,着力打造一支团队意识强、教育理念先进、师风师德高尚的新时代教师队伍。

一、团队意识

教师隶属于一个特定的群体,如某个学校、某个教研组或年级组,教师群体对确立教师专业身份相当重要。从剥离群体来看教师专业发展就是一个"丰富的人"而不是"丰富的教师"。教师专业发展或教师个人教学风格的形成很大程度上依赖"教学文化"或"教师文化",即团队文化。优秀的教学团队是教师专业发展的土壤,"发展的种子再好,如果撒在石头上也不会生根发芽"。团队意识是县级职业教育中心教师专业发展共性提升的首要因素。

县级职业教育中心通常是政府部门为做大做强职业教育,对管辖范围内的教育资源进行有效整合而成的。通常的做法是将一些招生不太景气的初级中学、高级中学、师范学校或技工学校并入职业技术学校,成立新的职业教育中心。多所学校的教育资源整合后,学校的办学规模得以进一步扩大,一方面人力和物力的融合改善了办学条件,另一方面有利于争取上级办学经费,提升办学实力,推动县级职业教育的快速发展,从而提升区域竞争力和影响力。

优秀教学团队是县级职业教育中心教师专业发展的助推器,能有效推动县级职业教育中心教师的专业发展。着力培养全体教师强烈的团队精神和共同的价值理念与发展目标,使团队建设的各个方面形成良性循环,进而确保其学校发展目标的顺利实现。

（一）团队构建

县级职业教育中心最重要的特点就是实现资源的整合,既是固定资产的整合,又是人力资源的整合。物质资源整合较容易实现,只需通过盘点、统计、搬运即可解决。人力资源整合则较难,文化和意识的融合需要较长时间的磨合。职业教育和普通教育在人才培养模式、教学模式和管理模式方面差距较大,教师在不同的学校所接受的教育理念也不尽相同。俗语说:"子不嫌母丑,家还是自己的好。"每个教师都会对自己原来所在的学校存在认同感,都还习惯于原来的教育模式和管理模式,会对新的教育模式和管理模式产生不适应甚至反感。

新时期现代职业教育体系的构建,不再是靠校长一人领导下的家长式管理机构,也不是靠几名学校中层干部勤奋工作,更不是依赖于几位骨干教师的力量,而是需要创设一个和谐、强有力的管理团队和教师团队,充分发挥集体的智慧和团队力量,更好地实现学校教育的远景目标。因此,资源整合后的县级职业教育中心,资产集中在一起，人走在一起，但人心未必能快速地走在一起。要做好文化和意识的融合必然会受到各方面的阻力，有其合理与积极的一面，也有消极和保守的一面。但无论如何，努力推进建设一支优秀的管理团队和教学团队对于县级职业教育中心学校至关重要。因为，人走在一起不是团队，人心走在一起才是团队。

团队建设是必然的，遇到阻力也是必然的。要想将来自不同学校的教师在文化和意识方面实现有效融合，必须深入了解阻力背后的真正原因，以正确的态度对待文化和意识的融合阻力。学校层面给教师灌输正能量的价值观、学校办学理念和管理理念，通过举行集体活动、构建团队完成项目等方式来实现教师间文化和意识的融合，使教师明确共同的奋斗目标，奉行一致的价值取向，从而增强教师的团队意识和凝聚力。

（1）厘清当代教师价值观。价值观指的是关于价值的一定信念、倾向、主张和态度的观点，起着行为取向、评价标准、评价原则和尺度的作用。当代教师核心价值观为：忠诚教育、关爱学生、教书育人、为人师表、严谨治学。要求教师首先必须忠诚于党和人民的教育事业，乐于奉献，甘为人梯，这也是教师核心价值观的前提；关爱学生，尊重学生，促进学生全面发展；教书育人、为人师表，做好学生的表率；自尊自律，淡泊名利，严谨治学，不断提高自身的专业素养和学术水平。作为一名新形势下的当代教师，首先要明白教师的核心价值观是教师在从教道路上的一盏明灯，它指引着前进的方向。教师的价值观一致了，团队才能配合默契，才能具有强大的执行力和战斗力。县级职业教育中心要充分注重教师对核心价值观的学习和理解，做到教师"忠诚"教育，不偏移方向。

（2）树立领导团队榜样。榜样的作用是巨大的，通过领导魅力来树立榜样，效果将会更好。县级职业教育中心是由几所学校的资源整合而成的，学校领导班子的初期搭建通常采用的方法是"拉长凳子"，即合并后的学校领导班子由原来几所学校的校级领导共同组成。作为县级职业教育中心的领导班子成员，必须发挥正能量的团队榜样作用、身体力行、相互不拆台、心往一处想、劲往一处使。充分发挥领导的团队榜样作用，让教师发自内心地愿意学习、愿意追随，甘心情愿地为之奋进，为之付出。

（3）开展情感交流活动。几所学校合并后，教师数量将大幅增加，县级职业教育中心推行的是系部管理或专业管理模式，教师间平时多忙于本系部或专业内的教学和班主任工作，相互认识和交流的机会较少。学校可通过开展一些以集体项目为主的拓展训练、体育竞赛或教学比赛，达到增进教师间的交流和沟通，培育教师队伍的团队合作意识的目的。

（4）构建项目团队。项目是指一系列独特的、复杂的并相互关联的活动，这些活动有着一个明确的目标或目的，必须在特定的时间、预算、资源限定内，依据规范完成。项目成员一般是临时抽调不同的系部或教研组人员组建而成的，成员之间高效合作，并在规定的时间节点内完成工作任务。因此，在团队组建过程中要充分考虑成员的教育背景、工作经验、兴趣爱好、个性特征、年龄和性别等因素，做好合理的搭配，确保团队成员优势互补、人尽其才。通过项目团队构建，在项目任务完成中培养教师的团队意识，提高团队成员的成就感和归属感，培育出"来之能战，战之必胜"的高效教师团队。县级职业教育中心涉及教师完成的项目主要有教学科研项目、实训基地建设项目、精品课程建设项目、示范校或重点学校建设项目等。实践证明，每一所国家改革发展示范校成功通过验收，每一个获得自治区级或国家级教学成果奖的项目，都是一个个高效、优质团队的汗水结晶。个体因团队而强大，成功的团队将会成就团队中的每一个人。

（二）愿景与使命

愿景是解决"学校今后是什么样的"，即未来发展方向，告诉教师们学校今后将要发展成什么样子，是对学校未来发展的一种期望和描述。愿景是学校在大海远航的灯塔，只有清晰地描述学校的愿景，社会公众、学校教师、合作企业才能对学校有更为清晰的认识。一个美好的愿景能够激发人们发自内心的感召力量，激发人们强大的凝聚力和向心力。沃伦·本尼斯（Warren Bennis）曾经说过："在人类组织中，愿景是唯一最有力的、最具激励性的因素，它可以把不同的人联结在一起。"使命是解决"学校存在的理由和价值"，即对学校的定位，是对学校自身的清楚认识，明白自身有什么，要做什么。简单地说，使命就是学校必须要做的大事，一定要完成的任务。愿景和使命是紧密联系在一起的，构筑愿景是学校发展远景规划的重要支撑点，是学校做强、做大的不竭动力。而一所学校要想提升和发展，实现美好的愿景目标，最为重要的就是全体教职员工的使命感。

作为资源整合不久的县级职业教育中心，首要的任务就是尽快确立学校的愿景和使命，让教职员工了解到，自己所服务的学校是大有发展前景的，学校和每位教师的前途都是光明的，当然这绝对不能建立在虚无缥缈的"画饼"上，要让教职员工看到前景，心甘情愿地服务于学校，争做学校的主人翁。所以，对于县级职业教育中心的管理者来说，确立现实的"愿景和使命"无比重要。校园文化是学校发展的灵魂，是树立品牌形象、凝聚人心、展示学校形象和提高学校核心竞争力的重要手段。它主要由物质文化、制度文化和精神文化三个层次构成，依次由表及里，精神文化属于校园文化的内层结构，包括学校的愿景、使命、价值观等精神文化层面的内容。

（三）标识与文化

学校标识文化是以学校标志、标准字体、标准色彩为核心展开的完整的视觉体系，是将学校理念、学校规范等以具体的图形、图案表达出来，是学校视觉形象识别系统的重要因素之一，也是校园职业文化建设中的重要组成部分。学校标识文化系统由视觉识别系统和环境识别系统组成，其中视觉识别系统包括基本标识和应用标识两方面。系统基础部分主要包括标志、标准字、标准色、辅助图形、错误应用等。系统应用部分主要包括办公用品系统、事务应用系统、会务系统、服饰系统、环境指示导引系统、附加工具等。

学校标识的主要作用是以视觉符号设计的统一化来传达学校基本

办学精神与管理理念，有效地提升学校的整体形象和知名度。学校标识要结合学校实际进行 VI 设计，从视觉上体现学校的办学理念和精神文化，从而形成独有的学校文化标识。各种类型的视觉设计一旦确定，就应严格地固定下来，以期达到统一性、系统化，从而提高学校的名牌效应。VI 设计通过文字和图形的设计，以简练的造型、生动的形象来传达学校理念、文化内涵等信息。它不仅要具有强烈的视觉冲击力，而且要表达出独特的个性和时代感，同时还必须广泛适应于各种媒体、各种材料及各种用品的制作。

二、现代职业教育理念的培养

（一）现代职业教育有关文件政策

《国家中长期教育改革和发展规划纲要（2010—2020 年)》（以下简称《纲要》）于 2010 年 7 月 29 日正式发布。全文用 22 章 70 节的篇幅详细阐述了 2010—2020 年国家中长期教育改革和发展的规划纲要，这是一个国家层面的教育纲领性文件。

《纲要》是我国第一个中长期人才发展规划，是当前和今后一个时期全国人才工作的指导性文件。制定并实施《人才规划》，是贯彻落实科学发展观、更好实施人才强国战略的重大举措，是在激烈的国际竞争中赢得主动的战略选择，对于加快我国经济发展方式转变、全面建设小康社会，具有重大意义。《纲要》从指导方针、战略目标和总体部署、人才队伍建设主要任务、体制机制创新、重大政策、重大人才工程和组织实施七个方面进行阐述。这是我国改革发展进入关键阶段人才工作的行动纲领，为开创人才辈出、人尽其才新局面指明了前进方向。

2014 年 5 月 2 日，国务院下发〔2014〕19 号《国务院关于加快发展现代职业教育的决定》（以下简称《决定》）——明确了此后一个时期加快发展现代职业教育的指导思想、基本原则、目标任务和政策措施，提出"到 2020 年，形成适应发展需求、产教深度融合、中职高职衔接、职业教育与普通教育相互沟通，体现终身教育理念，具有中国特色、世界水平的现代职业教育体系"。《决定》首先对加快发展现代职业教育提出总体要求，然后从加快构建现代职业教育体系、激发职业教育办学活力、提高人才培养质量、提升发展保障水平和加强组织领导五个方面进行阐述。

为贯彻落实党的十八大和十八届三中全会精神，贯彻落实《纲要》《决定》，加快发展现代职业教育，建设现代职业教育体系，服务实现全面建成小康社会目标，教育部、国家发展改革委、财政部、人力资源社会保障部、农业部、国务院扶贫办六部门组织编制并于2014年6月16日下发了〔2014〕6号文《现代职业教育体系建设规划（2014—2020年）》。全文从规划背景、总体要求、体系的基本架构、体系建设的重点任务、体系建设的制度保障和机制创新以及保障实施6个方面进行阐述。其中，以12个核心点阐述了体系建设的重点任务和以9个核心点阐述体系建设的制度保障这两个重点内容。

2015年5月8日，国务院下发〔2015〕28号文《中国制造2025》。《中国制造2025》是中国政府实施制造强国战略第一个十年的行动纲领，文中提出：坚持"创新驱动、质量为先、绿色发展、结构优化、人才为本"的基本方针，坚持"市场主导、政府引导，立足当前、着眼长远，整体推进、重点突破，自主发展、开放合作"的基本原则，通过"三步走"实现制造强国的战略目标。第一步，到2025年迈入制造强国行列；第二步，到2035年中国制造业整体达到世界制造强国阵营中等水平；第三步，到新中国成立一百年时，综合实力进入世界制造强国前列。围绕实现制造强国的战略目标，《中国制造2025》明确了9项战略任务和重点，提出了8个方面的战略支撑和保障。

（二）现代职业教育理念

现代职业教育是大范围的职业教育，包括中职、高职院校和社会上的各种职业培训。现代职业教育理念则主要包括职业教育现代化、职业教育社会化、职业教育产业化、职业教育终身化等四个方面。

1. 职业教育现代化

现代化有广义和狭义之分。广义的现代化指的是工业革命以来现代生产力导致的社会生产方式的变革，引起世界经济加速发展和社会与之相适应的过程；狭义的现代化则是现代工艺以及科技革命推动了整个人类社会向工业社会转变，使工业化渗透到经济、社会、文化、思想等各个领域并引起社会组织和行为的深刻变革。

教育现代化的概念及其特征。教育现代化实质是指以整个社会现代化的客观需要为动力，用社会文化的全部最新成就武装教育的各个方面，使教育具备适应和促进整个社会现代化的能动力量。一般地讲，教育现代化包括三个层面：一是教育内容、教育技术手段的现代化；二是教育制度和教育管理的现代化；三是人的教育观念以及教育行为现代化。这三个层面，是相互依赖、相互影响、相互制约的。

所谓职业教育现代化，指的是要以转变人们的职业教育观念为基础，以完善职业教育体制为根本，以现代化的教育内容及教育手段为中介，建立为国民经济发展培养大批合格劳动者的社会主义现代职业教育体制。包括职业教育观念的现代化、职业教育体制现代化，教育内容、教育手段的现代化。

2. 职业教育社会化理念

所谓社会化，指的是通过各种方式，使自然人逐渐学习社会知识、技能与规范，从而形成自觉遵守与维护的社会秩序、价值观念与行为方式，成为社会人的过程。

教育社会化理论。教育社会化的基本内容就是系统地对个体进行有关生产与生活基本知识和基本技能的传授，授以行为规范，确立人生目标，培养人的社会角色。教育社会化就是要构建学习化社会。

职业教育社会化有其特定的含义。它主要包括：保证女童和妇女接受职业技术教育与培训的机会均等；为失业者和各种处境不利人群提供各种正规与非正规的技术和职业教育培训；对社会所有成员进行职业指导和咨询；促进弹性入学，以实现终身学习与培训。

3. 职业教育产业化理念

产业与教育产业的概念界定。产业是指能在国民生产总值形成过程中提供净收入的行业。我们认为，教育产业的界定主要依据教育在一定历史发展阶段所具有的准公共产品和私人产品的属性。

职业教育产业化。职业教育是教育产业化的重要组成部分。职业教育产业化包括教育规律与经济规律相统一、教育的宏观统一性和微观多样性相结合、合理分担教育成本与多渠道筹措教育经费相结合三个基本原则。

总结起来，教育产业化有五种思路：多主体办学、以市场为导向建立灵活的职业教育运行机制、实行产业化经营、办好校办产业、法人应具有良好的管理经营才能等。

4. 职业教育终身化理念

终身教育概念的界定。终身教育是人的一生中所受到的各种教育的总和。可以将终身教育的特点概括为：终身教育具有整体性特点，它面向全体社会成员，并且把一切具有教育功能的机构（组织）联系起来。终身教育是持续的，它贯穿于人的一生的全过程。正规教育及非正规教育要呈现一体化。

职业教育终身化。职业教育终身化是指每一个社会成员一生中都要接受职业教育。它包括四个原则：即职业教育"终身"原则、职业教育与普通教育相结合原则、正规教育组织和非正规教育组织相结合原则、人人受教育与人人办教育相结合原则。

职业教育现代化理念。新形势下，随着国家对职业教育的政策支持和经费投入的力度不断加大，职业教育将会呈现出一个重要的特性——现代性，现代性具体体现在理念的现代、体系的现代、制度的现代、标准的现代、条件的现代和质量的现代六个方面。职业教育理念现代化是职业教育现代化的先导，现代职业教育的发展必须树立创新、协调、绿色、开放、共享的发展理念，遵循职业教育发展规律和理念，注重需求导向，面向人人、以人为本、产教融合、知行合一、协同发展、优质服务等理念。以这些理念为引领，大力推进现代职业教育体系，努力实现体系、制度、标准、条件和质量的现代化。

（三）现代职业教育理念的培养

1. 系列专题学习

学校教学管理部门收集和参考大量职业教育文献，精心梳理有关领导讲话及文件，汇编成《现代职业教育理念专题》系列学习资料。组织教师进行专题学习，更新理念，在教学中充分运用现代职业教育理念。

2. 实践与反思

现代职业理念是国家从职业教育现代化、社会化、产业化和终身化四个方面的概述，需要职业教育工作者不断地进行实践，在实践中反思、总结和提高。

现代职业教育的发展对教师提出了更高的要求，作为一名职业教育教师必须要在结合现有教育观念的基础之上，通过一系列的专题学习和实践反思活动，形成自己清晰的、明确的，且符合新时代职业教育发展的教育理念。

三、师德师风

学高为师，身正为范。作为一名县级职业教育中心的教师，不仅要认真学习《教育法》《教师法》《义务教育法》《未成年人保护法》《中小学教师职业道德规范》《教育部关于进一步加强和改进中小学师德建设的意见》《纲要》等关于师风师德规范的文件，更要注意言行一致，时刻树立师德为先、学生为本、能力为重、终身学习的基本理念，增强依法从教意识和师风师德责任意识。

（一）个人修养与行为

中等职业学校学生的学习态度、学习习惯和基础知识相对不是很好，教学和学生管理工作难度比较大，学生进步又不明显，这些往往会给教师带来焦虑和急躁，冲击教师教育的"成就感"。教师是学生学习的榜样，一言一行都在影响着学生的成长。作为中等职业学校的教师，需要从个人修养和行为等方面做好几点：首先，要坚定职业教育是面向人人的教育，是让每一个学生都能成为有用之才的信念；其次，作为职业教育的教师，无论我们身处什么年龄段，都应该保持良好的爱心、耐心和责任心，在教育中善于自我调节，保持乐观向上和平和的心态去面对教学；再次，在教学中紧紧抓住职业教育的特点，以实践为导向，以学生为主体，在做中教，在做中学，实现教师真正教和学生真正学的教学目标；最后，教师在教育过程中的言谈举止、仪容服饰等素质外形会在学生中起着师从表率的作用，衣着整洁得体，语言规范健康，举止文明礼貌，始终将自己置于良好道德修养之中，使学生在潜移默化中接受教师"言传身教""不教而教"的境界教育。

（二）教育教学态度与行为

教育教学态度主要是指教师对待教育教学工作时的态度。态度决定一切，教育工作的成功与失败，决定性因素是教师的教育教学态度和行为。教育部发表的《关于全面推进素质教育，深化中等职业教育教学改革的意见》，要求中等职业教育要全面贯彻党的教育方针，转变教育思想，树立以全面素质为基础、以能力为本位的观念，培养与社会主义现代化建设要求相适应、德智体美劳等全面发展，具有综合职业能力，在生产、服务、技术和管理第一线工作的高素质劳动者和中、初级专门人才。从中等职业学校人才培养目标来审视，作为教育工作者要遵循职业教育规律、技术技能人才成长规律和学生身心发展规律，树立育人为本、德育为先、能力为重的理念，将学生的知识学习、技能训练与品德养成相结合，培养学生的动手能力、人文素养、规范意识和创新意识。引导学生自主学习、自强自立，养成良好的学习习惯和职业习惯。

（三）对学生的态度与行为

教师以什么样的态度面对学生，决定着学生的成长。作为中等职业学校教师必须控制好对学生的态度和行为，树立正确的学生观和教学观，摆正师生关系，创设积极向上、宽松愉快的学习环境，有效地完成教书育人的光荣使命。教师对学生态度与行为的核心是对学生的关爱、尊重和信任，主要表现为以下几方面。

（1）关爱学生。"没有爱就没有教育"，古今中外的教育家们教育思想有所不同，教育风格各有千秋，但有一点是共同的，那就是"关爱教育"。教师对学生的关爱是良好师生关系的前提，是教育成功的关键。重视学生身心健康发展，保护学生人身与生命安全，不仅能提高教育质量和促进学生成才，更能影响学生身心发展、人格形成、职业选择和人生道路的转变。

（2）尊重学生。教育是一门艺术，良好、融洽的师生关系，能使师生双方体验到愉快的情绪，保持友好的合作，从而提高教育教学的效率。学会理解学生，尊重学生，宽容学生，才能赢得学生的信任与尊重。学会维护学生合法权益，平等对待每一个学生，采用正确的方式方法引导和教育学生，才能增强教师的亲和力，密切师生关系，为教育教学营造一个良好的教学氛围。

（3）信任学生。作为老师，充分信任是全面了解学生、增强学生信任感的关键，只有了解学生才能针对不同的个体采取适当而有效的教育方法，因材施教。积极为学生创造条件，充分发挥中等职业学校学生特点，激发促进学生的自主发展的动力，促进学生全面素质的提高。

第二节　个性提升

县级职业教育中心教师来源较为复杂，有师范院校毕业的也有非师范院校毕业的，有专业科班出来的也有转岗形成的。因此，我们在做好专业教师共性发展的同时，要因人而异，做好教师专业发展的个性提升规划，着力打造一支教师专业发展共性提升、个性鲜明、团结协作、充满智慧的新时代教师团队。

一、文化基础课教师

（一）师范院校毕业直接进入职业学校的文化基础课教师

师范院校毕业直接进入职业学校的文化基础课教师主要是指从事

中等职业学校语文、数学、英语、物理、德育等文化基础课教学的教师，这部分教师在职业教育中教学的学科正好与大学所学的专业对口。

由于中等职业学校培养目标的特殊性，大部分学校都是重专业轻文化基础课教学。因此，文化基础课教师参与提升培训的机会较少。

师范院校毕业直接进入职业学校的文化基础课教师的能力提升方法：第一，树立终身学习的理念，不断地通过"自主学习—实践—反思—总结"来提升自我；第二，积极参加广西职业院校信息化教学大赛和全国职业院校技能大赛和职业院校教学能力比赛，通过"以赛促学"促进教学技能水平的提高；第三，密切关注和积极参加每一年度市培、区培和国培的文化课和基础课师资培训。

（二）专业课转上文化基础课的教师

为了大力发展职业教育，打通职业教育的断头路，2012年教育部对中等职业教育的人才培养及考试招生作了重大的试点改革，为广大中等职业学校的学生搭建中职升本的"立交桥"。历经几年的试点探索与发展，中职对口升学政策日益完善，既给许多中等职业学校的毕业生进入高等院校继续深造提供了机会，同时也增强了中等职业学校办学的吸引力，中职学校的招生呈现出大幅上升的趋势。各个中职学校也紧紧抓住这一办学优势，在教学中不断增加文化基础课的开设比例，以此来推动学生综合素质的提升，达到提高中职学生对口升学考试录取率的目的。为满足对口升学考试的要求，提升学生文化基础知识，学校在专业课程设置中调整了文化基础和专业课程的比例，基本形成了5:5的比例。增加文化基础课比例和减少专业课比例，这一调整措施就形成了文化基础课教师欠缺和专业课老师过剩的局面，从而促使部分专业教师需要调整转上文化基础课。

这部分专业教师的优点在于历经数年的专业课程教学，积攒了丰富的实践教学经验，他们对文化基础课如何服务专业教学理解最深。

缺点是从事专业课教学多年，对文化课的知识理解还是停留在大学时所学知识的层次，同时，从熟悉的专业课教学转到文化课教学还是具有相当大的抵触情绪。这一类型的教师如果转型成功，将会成为文化课教学改革的主力军。

专业课转上文化课教师的提升方法：一是通过开展思想工作，转变任教观念，适应新常态，正确对待转型工作，让他们积极主动地参与转型，促进自身发展和适应学校发展需要；二是开展文化课教师的"传帮带"活动；三是利用假期让这些转型教师参加对口的文化课教学培训班学习。

（三）普通中学转入职业教育的文化基础课教师

随着国家对职业教育的高度重视，职业教育得以迅速发展，特别是中职学校的学生可以通过"立交桥"升读大学本科后，职业教育中心实现了跨越式的发展。学校办学规模的迅速扩大，一方面需要从普通中学调入一些教师以充实职业教育教师队伍，满足基本的教学需求。另一方面为做大做强职业教育，当地教育主管会将一些招生生源萎靡的普通中学并入职业教育中心进行资源整合。因此，部分普通中学教师就转入了职业学校任教。

这部分教师有普通中学的教学和学生管理经验，但对中等职业学校的教学和学生管理还是比较陌生。从事职业教育后，一部分文化课教师会继续担任文化课的教学工作，一部分物理和劳技课的教师则会转入电子技术和计算机学科的专业教学，高一级的文化课教学和转专业的教学会让这些教师出现短期的不适应。

这些从普通中学转入职业教育的教师，在教育教学技能和专业技能方面都是有一定基础的，他们更需要的是如何度过这段不适应期。其做法可以在转入职业教育初期由学校开展"一对一、手拉手帮扶活动"，让一些从事职业教育多年的有丰富经验的教师与新转入职业教育的教师按专业或课程对口的原则"结对子"，近距离地一对一、手拉手帮扶，使新转入职业教育的普通中心教师尽快适应职业教育教学。

二、专业课教师

(一) 师范院校毕业直接从事职教专业课的教师

师范院校职师班全称为"职业教育师资班",是时下各省师范类院校为帮助中等职业学校解决专业课教师缺乏的问题,专门向中等职业学校招收优秀毕业生进行培养,毕业后对口进入中等职业学校任教的一种招生模式。1993年,广西根据职业教育的发展需要,在广西师范大学、广西师范学院、右江民族师专等高等院校开始招收职业教育师资班。从此,广西便有了师范类院校毕业的专业教师,即具有专业操作技能和教育教学技能的"双师型教师"。这部分师范类院校毕业的专业教师能"文"能"武",在广西职业教育中发挥了重要的作用。此后,随着高等院校的进一步扩招,职业教育师资班的招生数量也在逐年增加。2009年后,为了适应国家大力发展职业教育和广西实施职业教育攻坚战略的新形势,各高等院校相继成立了职业技术师范学院,作为学校建制内的二级学院,集学制教育、培训、研究为一体,多学科、多专业、多层次的综合性教学科研实体为广西的职业教育事业做出应有的贡献。

师范类专业教师来源主要有两类:一是师范类院校开设理工科专业招生的职师班学生,师范类院校办理工类专业最显著的特点就是受专业师资和教学设备的影响,毕业生教育教学能力大于专业操作能力,这种类型的毕业生在职业教育中呈现动手操作技能略显不强;二是理工科院校招生的职师班学生,理工科院校由于受教育教学类师资的影响,毕业生专业操作能力大于教育教学能力,这种类型的毕业生在职业教育中呈现教育教学能力略显不强。

师范类专业老师的个性提升,一是要以"补短板,强弱项"为主。对于师范类院校"职业教育师资班"毕业的教师,重点是下企业实践锻炼,让教师熟悉和掌握生产车间的岗位工作过程和提高专业对口操作技能。对于理工类院校"职业教育师资班"毕业的教师,重点是参加师范院校举办的教育教学基本技能培训，造就过硬的教学基本功，提升教学过程的有效性。二是要向职业名师、专业带头人或骨干教师方向重点培养。这类教师既有扎实的教学技能，又有过硬的专业技能，假以时日，他们一定会是学校教师队伍的核心力量。

（二）文化课转岗到专业课的专业教师

县级职业教育中心大多数是由县级职业技术学校和普通中学进行资源整合而成的，文化课教师在师资队伍中占了绝大部分，专业课教师总量不足和文化课教师结构性过剩并存这一现象尤为突出。《关于进一步加强中等职业学校教师队伍建设的若干意见》要求，中等职业学校的专任教师分文化课教师、专业课教师和实习指导教师三类，专业课和实习指导教师占专任教师总数的比例要达到60%左右，专业课和文化课以6:4或5:5比例进行开设课程。按照这一标准实施的职业教育，将会有一部分文化课教师要转型上专业课，以适应中等职业教育的发展需要和师资配备要求。

蜕变是艰辛的努力所换来的，让这些文化课教师转型为专业教师，从内心来讲他们是不情愿的。跨界转型，这将是他们面临的前所未有的挑战。他们的转型提升的方法也有其特点。

第一，做好转型教师的宣传和动员工作，转变教育观念和知识更新，变被动的"要我学"为主动的"我要学"。

第二，以定制化校本培训为主。首先，进行职业教育理论通识培训，让他们转变普教观念，认识职业教育规律，掌握职业教育方法，成为职业教育内行人。其次，根据学校现有实训设备、转型教师专业水平的个体差异和未来专业发展需要情况，为不同层次的文化课教师设计不同的学习目标和培训内容，根据教师个体不同进行定制化校本培训，促进教师专业的个性化发展和可持续发展。

第三，以区培、国培和下企业实践锻炼为辅。通过参加定制化校本培训，对专业理论和操作技能都有了一定的基础，再根据实际情况参加区培、国培和下企业实践锻炼，进一步提升专业技能，达到成功转型的目的。

第四，教师从文化课转上专业课，这个转型是难度最大的。学校应大力支持和制定鼓励政策，对成功转型的教师予以奖励。

（三）原专业撤并后转岗到其他专业上课的专业教师

2017年3月，广西壮族自治区人民政府办公厅发布了《关于调整我区中等职业学校布局和优化专业结构的指导性意见》（以下简称《意见》）。《意见》指出，要在广西职业教育升级发展中，不断优化专业调整，建立专业进退动态调整机制，增强专业设置与区域产业发展的匹配度。撤并招生规模小、专业水平低、就业质量差的专业，淘汰落后弱小以及与产业不相匹配的专业，停办一批专业布点过多或每年招生不足30人的专业。

随着一批生源萎缩、服务产业链能力弱、发展后劲不足的专业被撤销，原来承担被撤销专业的专业课教师将出现过剩，为适应现代职业教育和学校专业发展的需要，这部分教师将需要对所教课程进行转专业调整。从熟悉的专业转到另一个陌生专业去承担专业课教学任务，从教学技能的角度是不存在问题的，关键因素是教师的观念转变和专业的再学习和提高。一是通过开展思想工作，转变任教观念，适应新常态，正确对待转型工作，让他们积极主动地参与转型，促进自身发展和适应学校发展需要。二是教师在转专业过程中要遵循"专业相近原则"和"爱好兴趣原则"，尽量转到与自己原来所教、所学专业相近的专业，或自己爱好、感兴趣的专业。三是开展针对转专业教师的定制化校本培训，让转专业教师对新知识和教学实训设备进行学习和提高。四是选送这部分教师参加国家级、省级和市级的专业培训，提升专业技能。

（四）工科院校毕业直接从事职业教育的专业教师

工科院校在培养目标、专业设置和教学设备上与中等职业学校有着许多共同和相似的地方，工科院校也就是中等职业学校的升级版。正因为如此，工科院校的毕业生愿意选择到中等职业学校就业，中等职业学校也更愿意选择这类学生到学校从事专业教学工作。

工科院校毕业生以其专业对口和具有一定操作技能的优势深受各

中等职业学校的青睐。然而，虽然他们有扎实的专业知识，但实践的体会不多，且没有经过企业工作的历练，理论教学未免枯燥无味，对中职学生的专业教学缺乏课堂吸引力。因此，从大学一毕业就选择到中等职业学校任专业教师后，摆在他们面前最大的问题有三个：一是中等职业学校教师资格证问题，我国《教师法》第三章第十条规定国家实行教师资格制度，即在中等职业学校担任教师职务的必须具有教师职业资格证；二是教育教学基本功问题，中等职业学校专业教师不仅要解决自己"能做"，还要解决学生"会做"的问题；三是企业实践问题，专业教师只有深入企业实践锻炼，才能了解企业需要什么样的人才，才能在今后的教学中"对症下药"。

工科院校毕业生到县级职业教育中心任教，有以下的提升途径。

（1）报考中等职业学校教师职业资格。每年的1月、9月可进行报名考试，报考的学历条件是本科及以上。考试分笔试和面试，笔试是综合素质、教育知识与能力、学科知识与教学能力三个科目，面试根据考生的专业选报相应的科目。

（2）新任教师岗前培训。通过举办针对性较强的校本专题培训，解决"会教"的问题。具体培训的专题项目参见表7.1。

表7.1 新任教师岗前校本专题培训项目一览表

项 目	培训专题	培训内容
专题一	通识培训	教师法、师德师风、教师专业标准、新政策新理念
专题二	教学基本技能	备课、教案写作、说课、教学设计、课件制作、课堂调控
专题三	教育基本技能	师生沟通、班主任管理、差生转化技巧

（3）教师到企业生产实践。利用暑假或寒假，根据专业对口原则，选派教师到企业生产实践，专业教师在企业生产实践过程中重点了解企业的生产工艺流程、组织方式、产业发展趋势等，熟悉企业相关岗位（工种）职责、操作规范、用人标准及管理制度等，学习所教专业在生产实践中应用的新知识、新技能、新工艺、新方法。同时，结合企业的生

产实际和用人标准，不断完善专业教学计划，教学方案，改进教学方法，切实加强学校实践教学环节，提高技能型人才培养质量。

（五）从社会上直接录用的专业教师

2015年1月国务院出台的《关于机关事业单位工作人员养老保险制度改革的决定》指出，机关事业单位工作人员将执行社会化养老保险制度，这一"破冰"制度的落实破解了人才社会性流动的体制机制弊端，人才的社会化流动将会呈现常态化。在职业教育越来越受到重视的今天，从社会中引进人才参与专业教学在大多数的中等职业学校中早已成了一种共识。一些拥有自主创业或"企业背景"经历的专业技术人才，他们丰富的职业经历和技术经验将会给中等职业教育注入新鲜的活力。

学校主要是根据工作需要，面向社会公开招聘教师。学校成立公开招聘工作领导小组，领导小组在人力资源和社会保障局的指导和监督下，严格按照公开发布招聘公告、报名、资格审查、考试、体检与考核、公示、聘用等程序进行。将一些德才兼备、人岗相适的社会人员招聘到学校任教师职务。

社会公开招聘教师，学校选择面大，容易招聘到适合岗位、学校满意的教师。特别是具有丰富的职业经历和专业技术经验的专业技术人才，对于从事职业教育来说是一笔宝贵的财富。通过公开招聘方式进入县级职业教育中心的专业教师，由于学校用人的需要不同，招聘条件不同，因而录用的人员在学历、教学与技能实践经验等方面也不相同。对这部分教师可从教育理论、教学技能、专业提升、教学竞赛、课题研究等方面有针对性地选择模块进行培训，并以集中学习、专家讲座、专题培训、自我反思教学观摩、师徒结对、学历提升、骨干教师示范引领等多种形式开展培训。

三、实习指导教师

（一）企业技术人员

具有企业背景的技术人员加入到了职业教育实习指导教师队伍，他们凭着娴熟的技艺和丰富的实践经验，在企业中攻克难关。然而学校毕竟不是企业，他们除了"做"之外还要"教"，而且得"教会"。这些企业技术人员在指导学生实习中最容易碰到的瓶颈问题是"有技术但不易教会学生"，因此，一方面加强与有教学经验教师间的相互交流，另一方面参加教育学、心理学、教学方法等相关业务知识的学习。

（二）能工巧匠

何谓能工巧匠？就是某个行业和领域的工艺技术或专业操作技能高超的人。他们可能文化程度不够高，文凭也不够硬，但却在自己的工作岗位上潜心钻研，练就了高超的工艺技术。传统教育观念对他们的技艺不够重视，导致这些能工巧匠缺乏技艺传承的教育平台。随着国家层面的政策认同、教育观念现代化和国际化发展节奏不断加快，中等职业学校将为能工巧匠们搭建起展现自我和技艺传承的教育平台，让他们去呈现、去演绎、去传承。

能工巧匠的主要来源渠道：一是为适应地方产业转型升级的科学发展、跨越发展之路，许多行业本着德才兼备、好中选优、不唯学历、不唯职称、公开透明的原则开展了"能工巧匠"遴选工作；二是申报国家、省级的非物质文化遗产继承人并成功通过的传承人。

这些能工巧匠或非物质文化遗产继承人由于存在一定的文化短板，大部分人的技艺是熟能生巧和家族的代代传承而成的，他们自幼接受的就是口手相传、耳濡目染的学习机会。因此，他们在教学中习惯于传统的"师傅带徒弟"教学方式。

为适应职业学校教育教学的实际，县级职业教育中心要以能工巧匠为核心，以专业骨干教师为中坚力量组建工作团队，申报省级或国家级"技能大师工作室"。工作室将以开展技术研修、技术攻关、技术技能创新和带徒传技为主，推动能工巧匠高超技艺及技术技能创新成果传承和推广。以带领学生开展项目为辅，实现产教深度融合。转变教育观念，将传统的"师傅带徒弟"教学方式和现代职业教育相结合，充分发挥能工巧匠在现代学徒制实施中的"领头雁"效应。

（三）种养能手

扶贫攻坚是"十三五"规划的重中之重，是落实四个全面战略布局的关键举措。如何做好精准扶贫，确保贫困人口彻底稳定消除贫困？扶贫必先扶智，教育扶贫是彻底稳定脱贫的重要推手。农村贫困家庭在种植和养殖方面具有较好的基础条件，因此，做好种植和养殖专业的教育培训，是实现教育扶贫的根源所在。大多数县级职业教育中心都是以原县职业技术学校为班底进行教育资源整合而成，种植专业和养殖专业原本就是县级职业技术学校的重点专业，中等职业学校是以服务地方经济为己任，教育扶贫责无旁贷。

2017年2月9日《桂林日报》报道：荔浦县修仁镇版纳村大力发展水果种植，家家户户种植砂糖橘，全村72户共300人，全村近一半农户年收入超100万元，实现了农村种植奔小康的目标。种养能手利用掌握的一技之长创造的经济价值是相当可观的，将他们的一技之长为我所用，大力助推教育扶贫，这将是职业教育的一大利好。

种养能手所掌握的技能不是一段时间的培训所能形成的，也不是通过书本学习就能获得的，是经过长期实践、摸索积累而成的。没有书面记录，更没有形成系统的教材，靠的是口口相传，手把手地教。

学校将这些种养能手聘请到校后，要充分利用好他们的长处，做好专业发展规划。首先，要考虑"英雄必须要有用武之地"，充分利用好学校的种养实训基地，让他们在此种好、养好、教好。其次，以种养能手为核心，组建校本教材开发团队，将专业技能转化为文字，便于今后的专业教学。再次，为促进学校周边种养产业发展，充分发挥自身优势，成立种养技术服务中心，为种养产业提供全程技术支持。最后，通过种养能手的社会关系网，进行深度的校企合作，提高专业教学质量和学生毕业后的就业质量。

第八章 教师专业发展保障措施

教师专业发展是当前教师教育研究领域的热门话题之一，为了提高教师的专业素质，加速教师专业化成长的步伐，加强教师专业发展组织的建设，应该建立和完善适应我国国情的教师专业化发展保障措施。本章从组织保障、制度保障、个人保障和经费保障等方面，对县级职教中心教师专业发展的保障措施提出了建议。

一、组织保障

县级党委和政府要切实加强领导，实行一把手负责制，紧扣广大教师最关心、最直接、最现实的重大问题，找准教师队伍建设的突破口和着力点，坚持发展抓公平、改革抓机制、整体抓质量、安全抓责任，把教师工作记在心里、扛在肩上、抓在手中，摆上重要议事日程，细化分工，确定路线图、任务书、时间表和责任人。主要负责人和相关责任人要切实做到实事求是、求真务实、善始善终、善作善成，把准方向、敢于担当、亲力亲为、抓实工作。各县要建立教师工作联席会议制度，解决教师队伍建设重大问题。县级相关部门要统筹现有资源，制定切实提高教师待遇的具体措施，研究教师队伍建设重大问题，为重大决策提供支撑①。

一所名校主要是靠一批名师来支撑的，而教师专业发展是促使教师成为名师的先决条件，为促进教师专业发展的自主提升，学校应出台引导、管理、激励、评价等方面的制度来保障教师专业发展。学校制度措施应充分考虑到教师专业发展，使制度真正成为促进教师专业发展的长效机制。成立教师专业发展领导小组，由校长任组长，为教师专业发展的第一责任人，各中层领导及专业组组长为组员，负责教师专业发展工作的组织落实、指导和监控；制订学校教师专业发展工作规划，认真贯彻指导思想，推进教师专业发展；发挥专家引领作用，邀请专家对学校师资队伍建设工作提出建议，定期到校听课，分层次地指导教师对教学进行反思、改进、研究；学校为教师专业发展搭建平台，定期举行专业竞赛和交流活动，给予教师展示才华，锻炼技能的机会。

二、制度保障

县级职教中心由于地域的特殊性，普遍存在教师数量不足、能力水平不高、自我提升观念不够、专业发展不强等问题。制度保障是教师专业发展顺利开展的前提基础，为教师的专业化发展提供明晰的指引、适当的督促与有力的约束。

（1）完善教师培训制度，促进教师专业发展。县级职教中心要建立和完善教师培训制度，通过新入职专业课教师能力提升、名师培养对象能力提升、青年教师跟岗访学、"双师型"教师企业实践研修等与教师自身发展息息相关的培训内容，发挥培训的作用，不断提升自身综合素质。县级职教中心的教师，要在教务管理部门的指导下，结合自身实际情况和学校发展要求制订个人专业发展目标和计划，并按计划完成既定的目标。教务管理部门按期督查教师专业发展目标完成的情况，促进专业教师成长。

---

① 中共中央国务院. 关于全面深化新时代教师队伍建设改革意见（中发〔2018〕4号）.

（2）完善教师评价考核制度，形成有效激励机制。一是要建立科学、合理、全面的教师评价或考核制度。评价或考核制度是影响教师工作积极性的主要因素之一，是推动教师专业发展的指挥棒，直接影响到教师工作被社会认可的程度和教师的社会声誉。二是以学年为单位开展评优工作，及时表彰日常工作中涌现出来的优秀教师与优秀教育工作者，大力弘扬兢兢业业、脚踏实地、勤于钻研、开拓创新等工作精神，树立合理有效的竞争意识，以点带面，从而丰富教师队伍建设内涵。对于教师而言，充分利用评选活动，认真查找差距，发现与改正工作中的薄弱环节，有助于进一步改进工作，激励教师专业化发展。

（3）制定教师科研制度，提升教师科研能力。县级职校的专业建设和科研项目相对较少，教师的项目建设经验自然也相对薄弱。针对此情况，宜采用"请进来"的方式进行专业老师培训，将一些具有多年专业项目建设经验和科研水平较高的专家请进学校，针对性地进行申报指导，着实提升教师项目建设和科研能力。

三、个人保障

教师专业发展是指教师作为专业人员，在专业思想、专业知识、专业能力等方面不断发展和完善的过程。教师专业发展的个人保障主要包括以下内容。

（一）坚定信念，优化职业道德

教师的职业道德是教师从事教育教学活动时的基本道德规范，是教师对职业行为的自觉追求，也是教师专业发展的道德基础。如果不能认真遵守职业道德，那么，教师的专业发展就是无源之水、无本之木。2008年教育部对《中小学教师职业道德规范》进行了修订，要求教师必须做到六个方面：爱国守法、爱岗敬业、关爱学生、教书育人、为人师表、终身学习。

（二）坚持研究，提高专业能力

在教育教学过程中，我们应该积极发现教育教学中存在的问题，以研究者的眼光进行比较分析，深入思考解决这些问题的方法，这样才能不断提高教育教学质量，促进自身的专业发展。这里的研究通常指两方面：一是教学理论方面的研究，如教学方法和技巧；二是指教育能力方面的研究，如表达能力和管理能力等。

（三）终身学习，拓宽专业知识

当前人类已进入信息化时代，过去我们常讲教师要有一桶水才能给学生一杯水，现在"一桶水"已远远不能满足学生的需要。只有成为学生的"源头活水"，才能适应不断变化的时代对教师提出的要求，教师必须要加强学习，学会如何获得信息资源以及如何有效利用这些资源。教师要阅读大量专业书籍，拓宽知识的广度，提高思考的深度，丰富更多专业领域认识。

（四）勤于反思，加快专业成长

教育反思，顾名思义就是对已有的教育实践成败原因进行探求，从而获得解决教育实际问题的新知，不断进步。教师的教学反思一般是对教学方法、教学过程、教学设计和教学观念的反思，常常可以通过教育案例和教学后记进行。教师应该思考各种教育行为可能产生的效果，不断地自我修正、调整和更新，从而加快自己的专业发展与成长。

（五）勇于创新，主动更新观念

教师要将学生培养成会创造的人，首先教师要培养自己的创新能力。这就要求教师应该经常主动地更新观念，学习新知，在教育教学和日常生活的一点一滴中，有意识地培养和强化自己的创新精神，创造性地进行教育教学，不断提高自己的创新能力。教师的专业发展是在不断的创新中实现的。

四、经费保障

各级政府要将教师队伍建设的资金投入作为教育投入重点予以优先保障，完善支出保障机制，确保党和国家关于教师队伍建设重大决策部署落实到位。优化经费投入结构，优先支持教师队伍建设最薄弱、最紧迫的领域，重点用于按规定提高教师待遇保障、提升教师专业素质能力。加大师范教育投入力度。健全以政府投入为主、多渠道筹集教育经费的体制，充分调动社会力量投入教师队伍建设的积极性。制定严格的经费监管制度，规范经费使用，确保资金使用效益。各级党委和政府要将教师队伍建设列入督查督导工作重点内容，并将结果作为党政领导班子和有关领导干部综合考核评价、奖惩任免的重要参考，确保各项政策措施全面落实到位，真正取得实效。

第九章 典型案例

第一节 学校案例

岑溪市中等专业学校"育才花园"教师专业发展计划

教师是立校之本，兴教之源。

广西职业教育三年（2008—2010）攻坚之后，县级职业学校从规模发展到内涵建设的转型升级遇到"瓶颈"，最严重的就是师资问题。由于师资短缺、结构不合理，"双师型"教师素质不高等原因而导致的教学质量差、学生流失严重、项目建设难以推动等严重阻碍县级职业学校的发展。如何深化改革，打造一支规模结构合理、素质能力满足需求的教师队伍成了县级职业学校发展过程中最难突破、最难改造的部分。

岑溪市中等专业学校，结合本校教师队伍建设的诊断与改进工作，试行为本校教师量身定做"'育才花园'教师专业发展计划"（见表9.1~表9.2）。

一、明确宗旨，设立目标

通过此计划的实施，激发教师成长的内生动力，把外部压力变内部动力，分类推进教师专业成长，提高县级职业教育的内涵质量，确保学校可持续发展。本计划根据职业学校教师不同的成长阶段，尤其是职称晋升等教师职业生涯的重要时间节点，为教师搭建一条"从教学新手、教学新秀、骨干教师、专业带头人到名师专家"的成长之路，并相应把全校教师分五类，制定不同培养计划。

表 9.1 "育才花园"教师专业发展计划（一）

项目计划 （工作坊及坊主）	花 语 （花期）	项目对象 （工作年限）	职称及双师 （等级）
青桃计划 （青桃坊：×××）	爱情之花， 结缘事业， 遇见爱情， 立业成家。 （2—3月）	教学新手 （1~3年）	1. 转正 2. 有双证（教师资格证、职业资格证） 3. 待申请初级职称
红棉计划 （红棉坊：×××）	英雄之花， 青春激情， 奋发向上。 （4—5月）	教学新秀 （4~6年）	1. 助理讲师 2. 初级双师 3. 待申请中级职称
白荷计划 （白荷坊：×××）	脱俗之花， 忠贞纯洁， 脱颖而出。 （6—9月）	教学骨干 （7~11年）	1. 讲师 2. 中级双师 3. 待申请高级讲师

续表

项目计划 （工作坊及坊主）	花 语 （花期）	项目对象 （工作年限）	职称及双师 （等级）
丹桂计划 （丹桂坊：×××）	收获之花， 秋桂如金， 硕果累累。 （10—11月）	专业带头人 （14~18年）	1. 高级讲师 2. 中级双师 3. 待申请正高职称
玉兰计划 （玉兰坊：×××）	报春使者， 纯洁真挚， 高贵出尘。 （12—1月）	名师专家 （19年以上）	1. 正高级职称 2. 高级双师

表9.2 "育才花园"教师专业发展计划（二）

项目计划 （工作坊）	项目指标（5项）				
	理想信念 道德情操	专业知识 专业技能	教育教学	教研科研	学识及 学术
青桃计划 （青桃坊）	1. 师德考核；2. 公需科目达标；3. 继续教育学分达标；4. 党团工会活动	1. 参加教学工作坊；2. 参加讲师的结对子工程；3. 参加学生技能大赛指导团队；4. 参与地市级技能大赛指导	汇报课1次/期，校级以上教学技能比赛获奖	1. 主持校级或参与区级课题立项；2. 参加论文评比2篇，发普通期刊1篇	1. 不同类别书籍；2. 参与或承担不同类别的学术讲座、论坛

续表

项目计划 （工作坊）	项目指标（5项）				
	理想信念 道德情操	专业知识 专业技能	教育教学	教研科研	学识及 学术
红棉计划 （红棉坊）	1. 师德考核；2. 公需科目达标；3. 继续教育学分达标；4. 党团工会活动	1. 参加名师工作坊；2. 参加高级讲师的结对子工程，指导1~2名小青桃；3. 参加学生技能大赛指导团队；4. 负责地市级技能大赛指导	示范课1次/学年，地市级以上教学技能比赛获奖	1. 主持区级或参与重点课题立项；2. 发表论文普通期刊3篇，核心1篇	1. 阅读不同类别书籍；2. 参与或承担不同类别的学术讲座、论坛
白荷计划 （白荷坊）	1. 师德考核；2. 公需科目达标；3. 继续教育学分达标；4. 党团工会活动	1. 参加名师工作坊；2. 参加高级讲师的结对子工程，指导1~2名红棉；3. 组织学生技能大赛指导团队；4. 负责区级技能大赛指导	示范课1次/学年，地市级以上教学技能比赛获奖	1. 主持区级或参与重点课题立项；2. 发表论文普通期刊3篇，核心1篇	1. 阅读不同类别书籍；2. 参与或承担不同类别的学术讲座、论坛
丹桂计划 （丹桂坊）	1. 师德考核；2. 公需科目达标；3. 继续教育学分达标；4. 党团工会活动	1. 名师工作坊坊主；2. 参加行业职业教育教学指导委员会，指导1~2名白荷；3. 训练学生技能大赛指导团队；4. 负责国家级技能大赛指导	区级以上教学技能比赛获奖或指导奖	1. 主持区级重点课题或参与国家级课题立项；2. 发表论文普通期刊3篇，核心2篇；3. 区级教学成果奖	1. 阅读不同类别书籍；2. 参与或承担不同类别的学术讲座、论坛

续表

项目计划 (工作坊)	项目指标（5项）				
	理想信念 道德情操	专业知识 专业技能	教育教学	教研科研	学识及 学术
玉兰计划 (玉兰坊)	1. 师德考核；2. 公需科目达标；3. 继续教育学分达标；4. 党团工会活动	1. 区级名师工作坊坊主；2. 参加行业职业教育教学指导委员会或大赛评委，指导1~2名丹桂；3. 指导区级或国家级技能大赛；4. 参与国际级技能大赛指导	区级以上教学技能比赛获奖或指导奖	1. 主持或参与国家级课题立项；2. 发表论文普通期刊3篇，核心2篇；3. 区级及以上教学成果奖	1. 阅读不同类别书籍；2. 参与或承担不同类别的学术讲座、论坛

二、确立名称，寄托归属

岑溪市中等专业学校，为县级中等职业学校，位于岑溪市东北角的育才路上，校园内种有各种花，以桃花、木棉花、荷花、桂花、玉兰花居多，学校师生喜爱有加。因为这些花的花期和各种花所代表的含意，与本校教师专业成长特征极为相像，所以用这五种花作为依托，冠以"育才花园"之名，制订本校的教师专业成长计划。把每位教师的成长与学校的一树一花联系起来，赋予归属感。

三、合理分类，明确身份

以相应的花木名称对应不同类别的教师设立不同的成长培养计划，如以刚毕业入校1~3年的"教学新手"为例，对应的成长培养计划为"青桃计划"。其含意为，初为人师，在事业上恰如青桃，青桃代表爱情之花，寓意"与事业结缘、遇见爱情、立业成家"。其他各类教师进入相应的培养计划，如"教学新秀""骨干教师"等进入相对应的"红棉计划""白荷计划"，明确身份，各有所属。

四、设置指标，明确任务

进入每一类培养计划的教师，均设置有资质指标和能力指标。其中资质指标包括准入资格（中职教师资格证）、职称及双师资格；能力指标包括师德师风、专业知识及技能、教育教学能力、教研科研能力、学识及学术水平。每一项指标在各类培养计划内有不同的达标要求，这些达标要求多以第三方评价为主，如"白荷计划"主要是任教7~11年的骨干教师，此类教师的资质达标要求评上讲师和中级双师，能力要求方面如"教研科研能力"指标，要求主持参与区级重点课题，发表论文要达3篇以上等。

五、落实机制，保障实施

"'育才花园'教师专业发展计划"纳入学校"十三五"师资队伍发展规划，建立和健全了以校长任组长，教学副校长任副组长的教师发展工作领导小组；其次在各类培养计划设立相应的工作坊，如"青桃计划"设置"青桃坊"，坊主由校级领导担任，各坊主按相关指标统筹本坊成员的年度学习培训等达标计划；每个工作坊通过课题立项形式组织本坊成员申报立项，学校配套经费，确保培养计划有效操作。

第二节 个人案例

华丽转身——我的专业成长之路

李有军

【学员小档案】李有军，男，高级讲师，数控加工中心技师，市级教学骨干，机械加工专业"双师型"教师。大学所学专业是物理教育，毕业后在学校有10年从事物理教学工作，后根据学校需要外出参加培训学习模具制造技术，现已从事模具专业教学12年。12年来，曾3次主持或参与省级科研课题的研究工作，2014年获省级教学科研成果奖，有多篇教育教学论文公开发表或参赛获奖。工作期间，多次被评为"优秀教师""优秀班主任""师德先进个人""教学骨干""技能比赛优秀指导教师"，目前担任学校模具制造技术专业组组长，成为本专业的专业带头人。

自1996年大学毕业后参加工作以来，李有军一直在教学一线工作，已有22年教龄。他的教学历程，可以分为两个部分：前10年从事中学物理科教学，2006年开始转型担任中职"模具制造技术"专业教师，至今已有12年。12年来，通过参加培训、自己研修、向同行取经，2008年顺利考取了"加工中心操作工"技师级技能证，2010年被授予南宁市"教学骨干"称号，2014年被评为"高级讲师"，2016年获得"双师型教师"称号，目前担任我校数控、模具专业的专业带头人。回顾12年来的专业成长之路，从"零"开始，厚积薄发，使自己的人生实现了华丽转身。

一、服从转型安排，迎接挑战

李有军于1996年师范大学毕业后，成为一名中学物理教师，一干就是10年。十年磨一剑，正当自己在物理教师这个岗位上小有建树并踌躇满志潜心发展的时候，接到了学校的转型安排。该校2006年开设模具专业，专业设立之初专业教师极其缺乏，考虑到学校的实际困难，他本人欣然接受"转型"的任务，外出学习培训3个月，尔后成为学校模具专业的一名教师。

二、华丽转身从物理教师迈向中职模具专业带头人

（一）从"零"开始，完成由物理教师到中职专业教师的转变

作为一名转型教师，李有军非常清楚地意识到自己之前十年辛苦积累下来的教学经验几乎全部"归零"，对于新的教学任务，由于没有经历过系统的专业学习，他深感压力山大。在学习培训期间及后来的教学工作当中，他勤学好问，虚心求教，乐于与校内、校外的同行交流专业教学心得，牺牲了大量的节假日，潜心研究教材，精心备好每一节课，并长期作好学习笔记及教学体会，付出了比常人多得多的

劳动与汗水。通过自己不懈的努力，2008年李有军获得了全国中等职业学校骨干教师国家级培训的机会。2009年经过考试及考核，取得了中等职业学校"模具设计与制造"教师资格证，正式成为一名中职模具专业教师。

（二）更上一层楼，完成由普通教师到骨干教师的转变

身为一名中职"新"教师，李有军深深认识到教师在教学中具有举足轻重的作用，教师自身技能水平的局限在很大程度上制约着学生技能水平的提高，影响学生专业的长远发展。所以，不断提高自身的技能水平是我当前当务之急。因此，他始终做到每天坚持早到晚归，严格按照学校的要求做好各项工作，甚至还放弃节假日的休息回校做好有关工作，甘于奉献，从不计较个人得失。2008、2009、2010年连续三年指导学生参加技能大赛均获得优异成绩，受到学校同事、学生和家长的好评。课余时间积极投入到教学研究中，撰写的多篇论文公开发表或参赛获奖。每学期都积极参加各种公开课、优质课、示范课的比赛，2010年参加自治区中职专业教师优质课比赛《游标卡尺的使用》获三等奖。鉴于他本人在教学工作中的突出表现，2010年被评为"南宁市模具制造技术专业教学骨干"。

（三）厚积薄发，由骨干教师到专业带头人的转变

1. 积极参加继续教育，注重业务素质的提高

积极参加继续教育，不但使他能够随时了解国内外职业教育发展现状和趋势，及时更新自己的教育理念，改进教学方法，更是他业务水平快速提高的一条有效途径。因此，为了更好地适应模具专业课的教学工作，李有军除了每年按时参加上级有关部门组织的年度继续教育培训之外，还努力创造条件争取参加学校派遣的各种业务培训。2013年12月参加广西师范大学德国职业教育教学法培训班，学习了项目教学法、微观教学法、案例教学法、引导文教学法等国外先进教学方法，对德国"双元制"也有了初步的理解。2010年9月，到广西师范学院继续教育学院参加"2010年广西中等职业学校骨干教师教育科研能力自治区级培训班"；2013年11月，参加了上海同济大

学凌静教授的"理实一体化"教学设计的校本培训；2017年7月，参加了广西中职学校教师信息化技能培训；2017年12月到常熟理工学院参加了南宁市组织的中职骨干教师科研能力培训班。通过培训学习，提高了个人教育科研水平和教育教学能力，为更好工作增加了一份力量。

2. 以教改及教研为先导，实现从知识型向创造型、从经验型向研究型教师转变

台上一分钟，台下十年功。从教22年来，从某种意义上讲，李有军切身体会到好的教学质量来自好的老师，好的老师源于好的教研。多年来，他对提高中职学校模具专业课堂教学实效的策略进行了深入的研究。紧紧围绕这一主题，通过平时的教研活动、申报教改项目、撰写论文、公开课等形式开展了大量的工作，他的教研能力得到了很大的提升，取得了良好的成效。

（1）参与申报自治区中职教改项目立项，进行系统而深入的研究。

2011年7月李有军参与的《以"企业岗位三种能力引领"农村职校数控专业建设的探究与实践》获得自治区中职教改二级立项。这个项目的内容涉及如何提高中职学校数控专业学生就业岗位能力。李有军虽是参与人，但在申报前后的具体工作中发挥了重要的作用，主编了校本教材《数控专业就业指导书》，并和于乃焊一起对该校数控、模具专业钳工科目构建"理实一体化"教学模式。2016年主持完成该校的自治区级重点课题《县级中专综合改革》子课题《县级中专招生改革》项目研究；2017年参与的课题《农村中职"五维评价"模式提升数控教师实训技能的探索与研究》获区级立项。

（2）撰写论文，将教研成果理论化、系统化，通过参赛和发表与同行切磋。

李有军公开发表的代表作有《浅谈中职学校模具专业教学的改革》《如何在中职〈机械制图〉教学中实施项目教学法》《发展农村职业教育与新农村建设探讨》；《中职学校模具专业教学改革构想》在

2011年广西教育科学研究所举办的广西职业教育教学优秀论文评选活动中，荣获二等奖，《中职学校〈机械基础〉教学改革之我见》在2013年广西教育科学研究所组织的广西职业教育教学优秀论文评选活动中荣获三等奖；《中职学校教学改革初探》2010年在广西教育学院研修中心组织的2010年度高中教师继续教育培训论文评比活动中荣获二等奖。

（3）积极参加优质课、公开课等教研活动。

李有军每年都承担校级及以上教学公开课。积极参加各级各类教学竞赛活动，2010年在自治区教育厅组织的全区中职学校优质课比赛中，他的《游标卡尺的使用》荣获三等奖。积极参加2016年南宁市中等职业学校教师教学设计比赛。

3. 充分发挥"双师型"教师的作用，加强学生动手能力的培养

模具专业课程实践性很高，很多知识点都是从实践中产生，因此在教学中李有军一直很重视实践环节，将课堂教学与实践教学有机结合起来，在实践教学中不断地对课堂教学进行改革探索，让专业教学围绕学生的个性特点开展，为培养学生具备一技之长创造条件。

（1）以区二级教改项目为载体，积极参与"理实一体化"课改。

广西横县职业教育中心是由一所普通高中"转型"过来，因此，许多老师也是普高教师转型过来，由于受普通教育学科体系课程教学方式的影响，在教学中仍沿袭传统学科课程的教学模式，虽有实训环节的教学，但仍偏重于学科理论体系的完整传授，理论和实践有所脱节。鉴于此，教改项目组成员以区二级教改立项为契机，在校数控、模具专业实行"理实一体化"教学改革。

李有军和于乃焊老师主要负责钳工科目的"一体化"课改，他们打破了传统的理论与实践教学的界限，将理论和实践教学有机融为一体。从感性认识入手，加大直观教学的力度，提高学生的认知能力，激发学生主动学习的兴趣和激情，针对模具专业课程特点，我们选择几个典型简单的模具进行制作，如冲孔落料模具、级进冲裁模具等。分解目标、制定计划、配件制作、定位装配、检验试模等逐步展开。

教师将理论知识融于实践教学中，让学生在学中干、干中学，在学练中理解理论知识、掌握技能，打破教师和学生的界限，教师就在学生中间，就在学生身边，这种方式大大激发了学生学习的热忱，增强了学生的学习兴趣，学生边学边练边积极总结，达到了事半功倍的教学效果。"理实一体化"教学改革已经成为该校培养技能型人才科学有效的教学模式。

（2）指导学生参加技能比赛富有成效。

每年的技能比赛，对中职学校来说，等同于普通高中的"高考"，是对中职学校教学质量的最直接的一次"考评"，不管是学校领导，还是专业教师，都十分重视。2012年李有军指导的学生农耀宙在南宁市中等职业学校专业技能比赛中荣获二等奖；2014年李有军指导的学生陆其相在南宁市中等职业学校专业技能比赛中荣获钳工加工技术项目三等奖；2017年李有军指导的学生玉其海在南宁市中等职业学校专业技能比赛中荣获钳工加工技术项目二等奖。

（3）指导学生技能考证通过率明显提高。

毕业证和技能等级证，是中职学生参加就业的两把钥匙。2014、2015、2016年连续三年，李有军和郑计斯老师负责指导数控、模具专业毕业班学生的加工中心考证训练，考证通过率逐年提高，2016年甚至达到了95%。

三、履行专业带头人职责，以老带新，培养青年教师富有成效

2016年李有军成为该校数控、模具专业的专业组长，也是专业带头人。作为南宁市"十一五"时期"教学骨干"教师，他深知"一棵树不成林"的道理。他不仅严格要求自己、大胆实践，还先后与于乃焊、凌廷喜、和义清三位青年教师建立"老带新"关系，成立备课小组，积极发挥市骨干教师的模范带头作用，言传身教，每次听课或培训回来，李有军都会主动把笔记和学习材料给他们看。每次参加教研活动前，李有军都主动和于乃焊、郑计斯、和义清老师一起研究教材、编写教案。他们共同参与"理实一体化"教

改，积极推进我校数控、模具专业的教学改革。他和义清2017年指导学生参加市级技能比赛获数控铣床项目一等奖；2016年凌廷喜被评为师德先进个人、2017年被评为横县"优秀教师"；2017年指导凌廷喜、于乃焊参加广西中等职业学校专业教师信息化技能比赛获一等奖；2017年指导于乃焊、凌廷喜、和义清老师参加南宁市中等职业学校专业教师技能比赛获数控铣加工技术项目二等奖。现在这三位教师已经成长为学校的专业骨干教师。

四、专业组教育教学教研工作迈上新台阶

回顾任现职两年来，是教学、科研、班主任工作重担在身的两年。在领导和同事们的关怀下，李有军紧紧围绕职校模具专业带头人职责这一中心，与全体组员团结协作、任劳任怨、务实求效、辛勤耕耘在教学一线，思想境界得到了很好的升华，工作取得了良好的业绩。

（一）教改科研再上台阶

2016年广西横县职业教育中心自治区重大招标课题《县级中专综合改革》子课题2《县级中专招生改革》，李有军作为主持人顺利完成了大量研究工作。2017年专业组成员申报的课题《农村中职校"五维评价"模式提升数控教师实训技能的探索与研究》获自治区立项。随着教改项目的顺利推进，有力地促进了该校数控、模具专业的改革，同时也使李有军的科研能力有了很大的提升。

（二）中青年教师成长迅速

2016年南宁市技能比赛中于乃焊指导学生韦献顺获钳工项目"第一名"；凌廷喜获县级"优秀教师"称号；2017年陆家谊获县级"优秀教师"称号；2017年南宁市技能比赛和义清指导苏兴满在数控铣床项目中获"第一名"；2017年陈绳庄、于乃焊两位教师被南宁市政府授予"教学骨干"称号；2017年组织凌廷喜、郑计斯、陆志源参加广西中职教师信息化技能比赛获"一等奖"。

（三）创新课堂教学方式，设立学习互助小组

传统的教学模式是以老师为中心，老师讲，学生听，导致学生很

容易对课堂产生倦怠的情绪，实施一种新型的能调动整体学生的积极性与兴趣的学习方法就变得尤为重要——这就是李有军在本专业所有教学班级设立学习互助小组的初衷。

入学时把学生以 5~7 人为一组分成若干个学习互助小组，并把学生的座位从排排坐变为小会议桌形式，这样有利于小组的合作和团结。组员的结构尽量合理。同时建立学习档案，以便考核，并同时制定考核表。考核表越细越好，具体到每门科目，每个实训项目，每个小组的成绩就是本小组内所有成员的成绩之和。考核成绩分三部分：一是自评部分；二是小组互评；三是教师评，每部分都有对应的评分细则。设立学习互助小组最大的作用是促进了小组内各成员互相帮助，相互促进，达到共同进步之目的。教学方式向"自主、合作、探究"转变，确保了学生的主体地位，给他们留下独立思考的空间，让他们亲身经历和体验，使学生真正成为学习的主体。在教学过程中有时还把一些教学问题用抢答、抽签回答、小组竞赛等多种形式来激发学生思考，对积极回答问题的学生或小组进行奖励（给小组或个人奖励积分），充分调动课堂气氛。学习互助小组可以大大减轻老师的工作量，同时又培养了学生的团队意识，让学生始终处于主动参与、积极活动的状态，教学效果非常明显。

（四）引进企业管理模式，班级管理量化制

现阶段我国中职学校人才培养目标是为企业输送具有一定技术的一线产业工人。经过几年的企业实践，为了让学生就业后能很快适应企业的管理模式，在本专业所有班级管理上引进了企业的管理模式，班级管理量化制。班级不再成立传统意义上的班委会，班长就是"车间主任"，各小组组长就是"生产小组组长"，各班班主任就是"董事长"。车间主任对董事长负责，生产小组组长对车间主任负责，组长负责本小组各成员的考勤，每周向车间主任汇报一次，车间主任每月底向董事长汇报一次，每月初召开一次董事会。为班上每一位同学建立详细档案。学期初向学生宣布班规文约，每人每月的基本工资是 1 000 "元"，违纪一次视严重程度扣 10~50 "元"，好人好事酌情加

分，到月底时统计个人分值达到规定分时加100"元"，不达标时倒扣100"元"，奖罚分明，最后得分就是该同学该月"工资"。每小组各成员分值之和就是该小组当月"生产量"。假如各小组的总产量之和没达标时，车间主任马上自动辞职。学期期末评优人选，全部根据每个人本学期"工资"总量产生。班级管理量化制，使每个同学都能看到自己的进步或不足，它像一只无形的推手，推动班级向良性发展。

当然，作为专业带头人，李有军深深知道，身处农村职校的他们，与城市中专相比，我们的专业建设还有很长的路要走，他会一直继续努力，抓住现在的大好形势，使他们的专业迈上新的台阶。

先进企业，再上讲台

韦妙凤

【学员小档案】 韦妙凤，女，旅游经济师，高级茶艺师。大学毕业后在企业工作4年，在广东三家企业分别从事过餐饮工作和外贸工作。2009年开始从事职业教育，职教理念是"立德树人，德才兼备是人才培养的核心"。发表论文2篇，多篇论文获市级教育教学论文评比二等奖；指导学生参加区级技能比赛荣获三等奖，市级比赛荣获一等奖；参加市级教师技能大赛获三等奖；参加国家级骨干教师培训被评为优秀学员；被评为市级优秀教师、师德标兵。

2005年大学毕业后在广东企业工作，2009年韦妙凤回到家乡从事中职的一线专业教师，从此与职业教育结下了不解之缘。企业工作经历为她从事职业教育奠定了坚实的基础，从企业能手转变为中职专业教师，从普通教师成长为专业带头人，是水到渠成，更是因为对职业教育的执着和热爱。

一、从企业能手到中职专业教师

大学毕业时，带着对经济发达的广东的向往，她独自一人到广东寻找事业的天空。一开始在一家外企的餐饮部工作,这次经历以实践形式丰富了她的专业知识和技能,再后来在两家工厂的销售部从事外贸工作,有着责任心强、适应能力强、对客热情周到、工作精益求精这些良好品质的她,很快从一个边学边工作的外贸新手成长为外贸能手。同时,这些在工作中表现出来的良好品质也赢得了上司的赏识,工资增长速度令同部门的同事既羡慕又妒忌,这段工作经历既锻炼了我灵活的对客服务能力,也为她如何在老板与客人之间的利益博弈中找到共赢点获得了经验。正当韦妙凤享受着外贸能手的美好,感觉找到了事业的天空时,他父亲强烈要求我回家乡工作,而且刚好有一个从事职校专业教师的工作机会,孝顺的她便顺了父母的意,从一名校聘教师开始了她的教师生涯。

二、从普通教师成长为专业带头人

(一) 从"零"开始,三年完成由普通教师到骨干教师的转变

虽然是顺从父亲的意愿从事职校教师,但是她对职业教育依然有着美好的憧憬,同时,她身上的良好品质——责任心强、适应能力强、对客热情周到、工作精益求精——使我能够顺利地开展教师工作。在教学工作中,一方面韦妙凤通过考取教师资格证和向同事请教来完善我的教育教学知识和能力,另一方面,她在教学实践中不断进行尝试,参加学校的各种教学活动,甚至是区级的"精彩一课"比赛,她的教学能力不断提高,成为学校为数不多的"理实一体化"专业课教师。同时,韦妙凤用自身的经历和理解在教师岗位上阐释爱岗敬业,学生在我的爱护和关心下喜欢我和我的课堂,也很好地理解并在之后的工作中做到了爱岗敬业。在工作中,与同事友好和谐相处,团结协作、任劳任怨,赢得了大家的一致好评,2012年顺理成章地成为专业的学科带头人。

面对新开设的旅游专业,各方面都有待完善和提高,作为旅游管理专业毕业的一名普通教师,韦妙凤想通过她的努力完善专业建设。于是,一方面她运用自己的专业知识结合中职生的特点,从教材改革

开始逐步完善本专业的教材以适应教学和学生的需要。目前，本专业所使用的教材都是以行业工作岗位要求为标准的新型教材，学生学起来通俗易懂，同时，又能满足不同能力水平的学生。另一方面韦妙凤从实训教学的设备改革开始，2010年韦妙凤就为专业仅有的中餐实训室申请到了一批符合时代要求的教学耗材。这些都为专业发展打好了基础。

（二）继续努力，三年时间完成由骨干教师成长为专业带头人

成了学科带头人，韦妙凤对自身的能力和教学修养提出了更高要求。结合学校布局，她从参与人才培养方案的制定开始进行课程改革。经过团队的多次努力，人才培养方案越来越贴合本校的旅游专业发展，人才培养方案的落地很好地推动了课程改革。为了更好地开展课程改革，韦妙凤写了多篇关于学生职业能力、课程改革的论文，两篇公开发表，多篇获奖。论文的写作让韦妙凤更加深入地思考教学能力及教学效果，对她的成长也起到了举足轻重的作用，使韦妙凤2015年成长为旅游专业的专业带头人——专业组副组长，主管专业教学及资助工作。

主管教学工作后，韦妙凤认为教学改革和课程改革是提高教学质量的助推器。因此，她一方面从教学常规的规范管理开始着手，从精细化的教学管理中提升课堂的教学质量；另一方面，她从自己所教的课程——《前厅服务技能》开始，为了更好地让课堂接近工作场景，实现产教融合，2015年韦妙凤作为学生专业实习的带队老师，收集学生最新的来自工作岗位的案例及实习心得，同时申请到前厅跟岗实习，更新行业最新的技能要求和服务意识。这些都为她的课堂添加了活力，经过一个学期的实践，韦妙凤形成了"以学生为中心，以行业标准为依据，以职业岗位需求为导向，以仿真教学情境创设为手段，以对客服务流程为主线，以职业素养培养为宗旨"的教学模式，学生很喜欢这样的教学模式，教学效果良好。2016年下半年，韦妙凤参加学校开展的"一组一名师"教学教研活动并获得了二等奖。为了更好地提高专业组的教学质量，她还组织了本专业教师开展教学教研活

动，在活动中，科组教师（特别是年轻教师）的教学能力得到了很大提高。

  为了更全面地体现教学质量的提高，韦妙凤认为技能大赛是一个很好的检验方式。但是，在她成为专业带头人之前，该校旅游专业的学生只参加过校级的技能大赛。因为梧州市每年的技能大赛没有设置旅游、酒店类的赛项，从获奖选手中选取学生参加区赛也就无从说起了。但是韦妙凤还是想通过技能大赛带领专业更好地发展，于是，她经常与职业教育行业的同学交流。一次交流中，同学的一句话"区级学生技能大赛报名马上就结束了，你们报名了吗？"引起了她极高的关注，并且马上与学校教学部联系，经过多方努力，最后成功报名。但她们没有任何的指导学生参赛的经验，经过大家的共同努力，有一位韦妙凤作为主要指导教师的学生获得了三等奖。虽然是三等奖，但是这个奖对她们旅游专业来说尤其显得弥足珍贵。2016年，韦妙凤又组织专业组教师，特别是年轻的骨干教师以团队的形式指导学生参赛，也获得了两个三等奖。2017年，梧州市学生技能大赛设置了餐饮服务赛项，前三名都是其团队指导的学生。技能大赛印证了她的想法，教学质量在大赛的助推下，不但得到了检验，也得到了提高，学生学习的积极性、主动性也得到了很大的提高。在技能大赛方面，她们专业有了一个很好的开始。

  前进的脚步永不停歇，为了专业更好地发展，在学校的规划下，她们旅游专业根据专业特点和自身条件，2017年开设了选修课程、一个专业、一个人才培养方案、两套课程体系，教学更加精致化。而学生的人数从多年的一个班增加到两个班，也是一个好的开始。2017年，作为主要课题组成员参与的课题《中职旅游专业学生就业能力的培养研究》获得立项，在科研方面，她们专业有了一个好的开始。

三、继续努力，展望未来

  作为县级中专旅游专业带头人，发现本地旅游资源比较匮乏，本专业教学设施设备还不完善。时代在发展，特别是信息化的发展，而本专业的信息化教学才刚刚开始,还没普及,校企合作也还在初级阶段。如何通过专业建设,教学改革、以赛促学等提供符合时代要求、学生需要的教学,开展深度校企合作实现产教融合为社会提供高质量、高素质的技能型人才,是目前本校旅游专业遇到的新课题。

如果说,在广东我找到的是韦妙凤的第一个事业天空,那么职校教师这个职业是她的第二个事业天空,此后的职业生涯中,她想在这个天空里发现、创造更多的美丽。2017年韦妙凤参加了国家级"旅游服务与管理专业骨干教师",开阔她的教育视野,提升教学和科研能力,越是培训学习越发现要学习的东西还很多,想要成为名师,要提升的空间还很大。如何开发设计以工作过程为体系的课程和教学内容,并据此熟练的开展信息化教学,提高教学质量,为学生多样成才提供机会;如何在资助工作和教学工作中更多体现对学生的爱和关心,为学生在学习中获得更多的幸福和爱创造条件;如何开展艺术化的专业管理,促使教师在和谐快乐的团队关系中实现成长,获得教师的幸福感,是我要努力的。韦妙凤相信,随着国家越来越重视职业教育,各项政策的落实及个人的成长,在她的教师职业生涯中,能够奋斗出我的幸福!

不畏艰难,做职业教育专业转岗的排头兵
——记来宾职业教育中心学校成功转岗黄金越老师

黄金越,男,1973年出生,1993—1996年就读于柳州师范高等专科学校英语专业,毕业后分配到来宾县(今为来宾市)三五乡第一初级中学任英语课教师,2002年调入来宾职业教育中心学校。

他自幼就酷爱动手搞一些机械方面的组装和维修,在中学从教期间积极学习和钻研摩托车的维修技术,经常帮同事维修有故障的摩托车,深受同事们的好评。2002年调到来宾职业教育中心学校后,学校基于文化基础课教师多而专业课教师不够的原因,要求黄金越到汽车专业教学部任教。他放弃了自己喜爱和熟悉的英语专业教学,应学校

的要求调入汽车专业教学部。从此，黄金越老师就迈出了转岗的一步，并立志要从文化课教师向专业课教师转型成功。

"不经一番寒彻骨，怎得梅花扑鼻香。"作为师范院校毕业的他，教学基本技能是扎实的，但汽车专业职业技能却是欠缺和不系统的。黄金越老师深知"只有不断参加专业技能培训，提高自身专业素养，才能成功转岗"。意志坚定的他，2007年到玉柴集团培训中心接受中等职业学校汽车运用与维修2个月的岗位培训；2008年、2009年两年都到广西中等职业学校师资培训基地（广西交通职业技术学院）参加汽车摩托车运用与维修专业（转型定向教师）培训；2010年到广西中等职业学校师资培训基地（广西交通职业技术学院）参加为期2个月的汽车运用与维修专业（骨干教师）培训；2014年到长春职业技术学院参加2014年度华夏基金会职业教育项目学校骨干教师汽车维修技术专业培训。2009年经过考试取得了汽车修理工三级（高级）职业资格证。历经多次的专业技能培训，黄金越老师已从一名英语课老师成功转型为汽车专业的专业课教师。

为达到自我层次提升，提高专业实践能力的目的，他又将目标聚焦在"双师型"教师之上。在自由申请和学校统一安排下，2007年、2009年、2011年先后带汽车专业学生分别到东莞宏泰机械有限公司、柳州东风汽车有限公司和广州豪进摩托车有限公司实习；2011—2014年连续四年分别到来宾市兴宾区宏腾汽车修理维护中心、宏腾汽车修理维护中心、群健汽车修理维护中心进行企业实践锻炼。在实践期间，积极主动地向有丰富经验的技术员和能工巧匠学习，从基层做起，同维修师傅们一起上下班。通过下企业实践锻炼，他不断了解了行业企业设备、技术、生产现状与发展趋势以及企业对汽车专业人才知识结构、职业能力、职业素养等方面的要求，掌握了实际操作技能，自身业务能力得以不断提升。

阳光总在风雨后。经过不断的专业培训和下企业实践的磨炼，黄金越老师已从文化基础课老师成功转型为专业课老师，并已成为学校汽车运用与维修专业的"双师型"教师和专业骨干教师。

  教师参赛和指导学生比赛是检验专业教师职业技能的一个重要指标，黄金越老师积极参加各类职业技能大赛，在比赛过程中戒骄戒躁，再接再厉，不断提升自身职业技能水平和教育教学能力，比赛佳绩累累。2014、2015年连续两年参加广西中等职业学校教师职业技能大赛汽车维修项目均获三等奖；2015、2016年连续两年指导学生参加广西职业院校技能大赛汽车维修基本技能项目均获三等奖。2010—2017年指导学生参加来宾市中等职业学校技能大赛汽车维修基本技能项目获一等奖3个，二等奖2个。

  近年来，他先后发表了汽车修理方面的科研论文5篇，并主持广西中等职业教育教学改革立项三级立项项目。其中，如何建设好农村职校汽修专业中的"摩托车维修"课程，现已结题。黄金越老师又将目光瞄准了专业教师更高的层次——做一名研究型的专业教师，因为，他深深明白"教师专业发展之路永远在路上"。

附录一　全国县级职业教育中心联盟章程

全国县级职业教育中心联盟章程

第一章　总则

第一条　联盟性质：全国县级职业教育中心联盟（以下简称联盟）是由全国各地县级职业教育中心、各类科研机构、行业组织、企业及其他有关社会团体自愿参加的开放型、非营利性社会组织，是各行各业协作推进县级职业教育中心改革发展的工作机制。

第二条　联盟名称：全国县级职业教育中心联盟，英文译名是"National Union of County Vocational Education Centres"。

第三条　联盟宗旨：加强全国各地县级职业教育中心之间及其与有关单位的联系，交流信息，研究问题，促进县级职业教育中心和县域各类职业学校体制机制改革创新，为实施科教兴国战略、人才强国战略、乡村振兴战略和区域协调发展战略服务。

第二章　活动形式和内容

第四条　活动形式：
每年召开一次联盟全体会议，根据工作需要，不定期举行由全体成员或部分成员参加的专题活动。

第五条 活动内容：

（一）传达学习党中央、国务院及国家有关行政部门关于县级职教中心和县域职业学校工作的有关精神和部署；

（二）交流县级职业教育中心改革发展的情况；

（三）研究探讨有关县级职业教育中心及县域职业学校改革发展的重点、热点、难点问题；

（四）就国家有关工作部署协调行动；

（五）向国家和地方政府及有关行政机关提供咨询及建议；

（六）开展成果展示、新闻宣传、资源共享等方面的活动，扩大县级职业教育中心在全社会的影响，提升农村职业教育在各级各类教育中的社会形象；

（七）开展教学改革实验，推动全国县组职业教育中心和县域其他职业学校深化改革、振兴发展、办出特色、提高质量，在人才培养、技术推广、生产示范、社会服务等方面不断做出新成绩，为我国技术进步、产业升级、农村劳动力转移、扶贫攻坚和全面建成小康社会不断做出新贡献。

第三章 成员资格、权利和义务

第六条 成员资格：

（一）全国各地县级职业教育中心；

（二）全国各地县域各类职业学校；

（三）全国有关各级各类科研机构；

（四）全国有关各级各类行业组织、企业；

（五）全国有关各级各类社会团体；

第七条 具备上述资格的单位自愿报名，通过联盟秘书处注册，并经联盟主席团批准，成为联盟的正式成员。

第八条 成员单位权利：

（一）有选举权与被选举权；

（二）有优先参加本联盟活动的权利；

（三）对本联盟工作和各种活动提出意见和建议。

第九条　成员单位义务：

（一）遵守本联盟章程，执行本会决议；

（二）积极参加全体会议及各项活动；

（三）完成联盟主席团和秘书处交办的有关工作任务；

（四）为联盟开展活动提供支持和服务。

第四章　组织

第十条　民主集中是联盟的组织原则。联盟设主席、副主席、轮值主席、主席团、全体会议及秘书处。

第十一条　联盟主席：由联盟全体会议选举产生。主席召集主席团会议，指导秘书处工作。

第十二条　联盟副主席：由县级职业教育中心代表、有关科研机构代表、有关行业组织和企业代表、有关社会团体代表等担任。副主席协助主席工作。

第十三条　联盟轮值主席：由联盟全体会议承办单位负责人担任。

第十四条　联盟主席团：主席团是联盟的领导机构，负责决定联盟召开和闭会期间的各项重大事项。主席团成员由各省、市、自治区教育行政机关和联盟秘书处推荐，经联盟全体会议半数以上代表通过，每届任期3年，可连选连任。

第十五条　联盟全体会议：全体会议是联盟的主体，由联盟全体成员组成，主要职能为：建立县级职业教育中心及全体成员交流、研讨、合作的平台，开展县级职业教育中心与政府、有关部门的对话，向政府和有关行政机关提出政策建议。

第十六条　联盟秘书处：设在河北省职业技术教育研究所，负责联盟的日常联络工作。秘书处设秘书长1名，由河北省职业技术教育研究所有关负责人担任；设副秘书长若干人，由全国各地县级职业教育中心代表，科研机构代表，各类有关行业企业、社会团体的代表担任。

第十七条　联盟专项工作委员会：根据工作需要，联盟设专家指导委员会、信息交流工作委员会、校企合作工作委员会、师资培养工作委员会、教学改革工作委员会等专项工作委员会。

第五章　会期及经费

第十八条　全国县级职业教育中心联盟全体会议每年召开一次，称为全国县级职业教育中心联盟××××年年会；联盟主席团会议和联盟专题会议按工作需要不定期召开。

第十九条　联盟的全体会议和专题会议，会务经费由承办单位承担，适当收取参会人员的会务费；会议代表的交通、食宿费由联盟成员单位自理。

第六章　附则

第二十条　本章程的解释由秘书处负责。

第二十一条　本章程经全体会议通过后生效，本章程需要修改时，由秘书处提出修正案，经联盟主席团讨论修订后，提交联盟全体会议审议通过后生效。

附录二　中等职业学校教师专业标准（试行）

(教育部 2013 年 9 月 20 日，教师〔2013〕12 号文)

维度	领域	基本要求
专业理念与师德	（一）职业理解与认识	1. 贯彻党和国家教育方针政策，遵守教育法律法规。 2. 理解职业教育工作的意义，把立德树人作为职业教育的根本任务。 3. 认同中等职业学校教师的专业性和独特性，注重自身专业发展。 4. 注重团队合作，积极开展协作与交流
	（二）对学生的态度与行为	5. 关爱学生，重视学生身心健康发展，保护学生人身与生命安全。 6. 尊重学生，维护学生合法权益，平等对待每一个学生，采用正确的方式方法引导和教育学生。 7. 信任学生，积极创造条件，促进学生的自主发展
	（三）教育教学态度与行为	8. 树立育人为本、德育为先、能力为重的理念，将学生的知识学习、技能训练与品德养成相结合，重视学生的全面发展。 9. 遵循职业教育规律、技术技能人才成长规律和学生身心发展规律，促进学生职业能力的形成。 10. 营造勇于探索、积极实践、敢于创新的氛围，培养学生的动手能力、人文素养、规范意识和创新意识。 11. 引导学生自主学习、自强自立，养成良好的学习习惯和职业习惯

续表

维度	领域	基本要求
专业理念与师德	（四）个人修养与行为	12. 富有爱心、责任心，具有让每一个学生都能成为有用之才的坚定信念。 13. 坚持实践导向，身体力行，做中教，做中学。 14. 善于自我调节，保持平和心态。 15. 乐观向上，细心耐心，有亲和力。 16. 衣着整洁得体，语言规范健康，举止文明礼貌
专业知识	（五）教育知识	17. 熟悉技术技能人才成长规律，掌握学生身心发展规律与特点。 18. 了解学生思想品德和职业道德形成的过程及其教育方法。 19. 了解学生不同教育阶段以及从学校到工作岗位过渡阶段的心理特点和学习特点，并掌握相关教育方法。 20. 了解学生集体活动特点和组织管理方式
	（六）职业背景知识	21. 了解所在区域经济发展情况、相关行业现状趋势与人才需求、世界技术技能前沿水平等基本情况。 22. 了解所教专业与相关职业的关系。 23. 掌握所教专业涉及的职业资格及其标准。 24. 了解学校毕业生对口单位的用人标准、岗位职责等情况。 25. 掌握所教专业的知识体系和基本规律
	（七）课程教学知识	26. 熟悉所教课程在专业人才培养中的地位和作用。 27. 掌握所教课程的理论体系、实践体系及课程标准。 28. 掌握学生专业学习认知特点和技术技能形成的过程及特点。 29. 掌握所教课程的教学方法与策略
	（八）通识性知识	30. 具有相应的自然科学和人文社会科学知识。 31. 了解中国经济、社会及教育发展的基本情况。 32. 具有一定的艺术欣赏与表现知识。 33. 具有适应教育现代化的信息技术知识

续表

维度	领域	基本要求
专业能力	（九）教学设计	34. 根据培养目标设计教学目标和教学计划。 35. 基于职业岗位工作过程设计教学过程和教学情境。 36. 引导和帮助学生设计个性化的学习计划。 37. 参与校本课程开发
	（十）教学实施	38. 营造良好的学习环境与氛围，培养学生的职业兴趣、学习兴趣和自信心。 39. 运用讲练结合、工学结合等多种理论与实践相结合的方式方法，有效实施教学。 40. 指导学生主动学习和技术技能训练，有效调控教学过程。 41. 应用现代教育技术手段实施教学
	（十一）实训实习组织	42. 掌握组织学生进行校内外实训实习的方法，安排好实训实习计划，保证实训实习效果。 43. 具有与实训实习单位沟通合作的能力，全程参与实训实习。 44. 熟悉有关法律和规章制度，保护学生的人身安全，维护学生的合法权益
	（十二）班级管理与教育活动	45. 结合课程教学并根据学生思想品德和职业道德形成的特点开展育人和德育活动。 46. 发挥共青团和各类学生组织自我教育、管理与服务作用，开展有益于学生身心健康的教育活动。 47. 为学生提供必要的职业生涯规划、就业创业指导。 48. 为学生提供学习和生活方面的心理疏导。 49. 妥善应对突发事件
	（十三）教育教学评价	50. 运用多元评价方法，结合技术技能人才培养规律，多视角、全过程评价学生发展。 51. 引导学生进行自我评价和相互评价。 52. 开展自我评价、相互评价与学生对教师评价，及时调整和改进教育教学工作

续表

维度	领域	基本要求
专业能力	（十四）沟通与合作	53. 了解学生，平等地与学生进行沟通交流，建立良好的师生关系。 54. 与同事合作交流，分享经验和资源，共同发展。 55. 与家长进行沟通合作，共同促进学生发展。 56. 配合和推动学校与企业、社区建立合作互助的关系，促进校企合作，提供社会服务
	（十五）教学研究与专业发展	57. 主动收集分析毕业生就业信息和行业企业用人需求等相关信息，不断反思和改进教育教学工作。 58. 针对教育教学工作中的现实需要与问题，进行探索和研究。 59. 参加校本教学研究和教学改革。 60. 结合行业企业需求和专业发展需要，制定个人专业发展规划，通过参加专业培训和企业实践等多种途径，不断提高自身专业素质

主要参考文献

[1] 教育部师范教育司. 教师专业化的理论与实践 [M]. 北京：人民教育出版社，2003.

[2] 吴全全. 中等职业学校教师专业标准解读 [M]. 北京：北京师范大学出版社，2015.

[3] 刘春华.《中职教师专业标准》之"职业理解与认识"践行策略 [J]. 科学咨询，2017（1）：60-61.

[4] 齐高峰. 体悟教师的"个人修养与行为" [J]. 青春岁月，2013（20）：325.

[5] 朱玉. 中职教育教学评价策略研究 [J]. 教育教学论坛，2016（09）：267-268.

[6] 万海梅. 职业学校教师发展的现状探究 [D]. 山东：山东师范大学，2008.

[7] 韩喜梅. 基于中等职业学校教师专业标准的中职教师评价标准的分析 [D]. 河北：河北师范大学，2014.

[8] 鱼锋. 职业学校教师专业化发展研究——江苏省常熟职业教育中心校的个案分析 [D]. 江苏：苏州大学，2011.

[9] 吴全全. 关于职教教师专业化问题的思考 [J]. 广东技术师范学院学报，2007（9）：29-34.

[10] 罗琴，廖诗艳. 教师专业发展的阶段性：教学反思角度 [J]. 现代教育科学，2005（2）：71-73.

[11] 王泽荣，赵清梅，吴全全. 中等职业学校教师队伍素质现状简析 [J]. 中国职业技术教育（京），2008（20）：32-35.

[12] 周志刚，孙志河. 对新形势下县级职业教育中心办学模式的思考 [J]. 中国职业技术教育（京），2003（36）：8-10.

[13] 张志增，孙志河，张巨才，等. 全国教育科学"十五"规划重点课题：新形势下县级职业教育中心办学模式与人才培养研究

[R]. 河北：河北省职业技术教育研究所，2004.

[14] 谢俐. 在全国县级职业教育中心新时代振兴发展研讨会上的讲话[R]. 河北：石家庄，2018.

[15] 刘尧. 我国职业教育发展现状、问题与对策[J]. 职业技术教育，2008（19）：12-16.

[16] 欧阳河，郭峰，张燕，等.2006—2020年我国中等职业教育发展趋势预测[J]. 中国职业技术教育，2006（32）：37-40.

[17] 王建. 区域职业教育发展战略[M]. 北京：教育科学出版社，2007.

[18] 陈祝林，雅尼土，徐朔. 中德职业教育的现状与未来[M]. 上海：百家出版社，2001.

[19] 雷世平. 关于县级职业教育的几个基本理论问题[J]. 江苏技术师范学院学报，2009（5）：30-33.

[20] 孟庆国. 新型城镇化背景下的农村职业教育改革[J]. 职业教育论坛，2013（34）：41-44.

[21] 李梦卿，张碧竹. 县域经济视域下的职业教育发展研究[J]. 职业教育论坛，2012（1）：76-81.

[22] 邬志辉. 中国农村职业教育的战略转型[J]. 社会科学战线，2012（5）：194-199.

[23] 饶洪彬，李海东，杜怡平，等. 改革创新，推动农村职业教育发展——广东省县级职业教育改革发展研究报告[J]. 广东教育，2014（1）：4-7.

[24] Guskey T R 教师专业发展评价[M]. 方乐，张英，等译. 北京：中国轻工业出版社，2005.

[25] 马建富. 职业教育学[M]. 上海：华东师范大学出版社，2007.

[26] 张延明. 建设卓越学校：领导层/管理层/教师的职业发展. 2版[M]. 北京：北京大学出版社，2008.

[27] 高瑛. 我国职业教育师资队伍现状分析及思考[J]. 职业技术教

育,2003(16):46-48.

[28] 张万祥,万玮. 教师专业成长的途径——30 位优秀教师的案例[M]. 上海:华东师范大学出版社,2005.

[29] Herne. S,Jessel. J,Griffiths. J. 学会教学:教师专业发展导引[M]. 丰继平,徐爱英,译. 上海:华东师范大学出版社,2009.

[30] 李小融,唐安奎. 多元化学校教育评价[M]. 浙江:浙江教育出版社,2009.

[31] 张民选. 教师专业发展策略译丛[M]. 北京:中国轻工业出版社,2005.

[32] 姜大源. 职业学校专业设置的理论、策略与方法[M]. 北京:高等教育出版社,2002.

[33] 潘星华. 新加坡校长访谈录[M]. 新加坡:创意圈出版社,2006.

[34] 谢格(Sugar. S),塔卡斯(Takace. G). 高效团队21游戏[M]. 赵朋,赵晓倩,林耀泉,译. 北京:高等教育出版社,2005.

[35] 龚耀飞. 职业教育教师专业发展"三合模式"的架构[D]. 新加坡:南洋理工大学 NIE,2009.

[36] 夏引红. 中新高职教师专业发展研究[D]. 新加坡:南洋理工大学 NIE,2009.

[37] 孙盛雅. "产、学、研、训"一体化的职业教育教师队伍建设——北京与新加坡职业教育教师队伍建设的比较研究[D]. 新加坡:南洋理工大学 NIE,2007.

[38] 吕旭钧. 构建促进教师专业发展的评价体系[D]. 新加坡:南洋理工大学 NIE,2009.

[39] 闫永. 新加坡与中国职业技术教育政策比较[D]. 新加坡:南洋理工大学 NIE,2006.

[40] 刘桑成. 职业教育和培训的变数及挑战——新加坡的经验[R]. 新加坡:新加坡工艺教育局,2005.

[41] 刘桑成. 赢取新加坡素质奖——一个迈向机构性卓越的历程 [R]. 新加坡：新加坡工艺教育局, 2006.

[42] 刘桑成. 职业教育与工艺教育和经济发展——新加坡的经验 [R]. 新加坡：新加坡工艺教育局, 2007.

[43] 钟启泉. 教师专业化：理念、制度、课题 [J]. 教育研究. 2001 (12)：12-16.

[44] 周川. 散论 [J]. 高等教育研究. 1992 (1)：79-81.

[45] Speck M, Knipe C. Why Can't We Get it Right Professional Developmentin Our Schools. Thousand Oaks, Calif.：Corwin Press. (2001)

[46] 朱玉东. 反思与教师的专业发展 [J]. 教育科学研究, 2003 (11)：26-28.

[47] 李碧维. 国内外有关教师专业发展模式研究评述 [J]. 吉林教育, 2007 (1-2)：30-31.

[48] 袁兆亿, 张谦明, 常洪军. 发达国家的职业教育模式及特点 [J]. 科技管理研究, 2008 (05)：157-160.

[49] 李聪莉. 美国：职业学校教师专业发展策略 [J]. 上海教育, 2004 (18)：58-59.

[50] 周全生. 谈德国职业教育的先进性及教改动态 [J]. 常州工程职业技术学院学报, 2007 (02)：71-75.

[51] 汪秉权, 屠群锋. 美、德、法、日等国职业教育的教师资格 [J]. 机械职业教育, 2001 (9)：43-44.

[52] 辛儒. 德国职业教育"双元制"及其对我国职业教育的启示 [J]. 河北大学成人教育学院学报, 2006 (01)：36-37.

[53] 王建军. 课程变革与教师专业发展 [M]. 成都：四川教育出版社, 2004.

[54] 张维仪. 教师教育——改革与发展热点问题透视 [M]. 南京：南京师范大学出版社, 2000.

[55] 李斌. 国内外教师专业发展过程研究述评 [J]. 江苏教育学院学

报（社会科学版），2003（4）：17-20.

[56] 邵宝祥，王金保. 中小学教师继续教育基本模式的理论与实践（上）[M]. 北京：北京教育出版社，1999.

[57] 孙方晓. 论新教师教学设计能力的提升[J]. 当代教育科学，2015（06）：54-55.

[58] 刘朝忠. 教师队伍建设与专业发展[M]. 北京：高等教育出版社，2017.

[59] 胡惠闵，王建军. 教师专业发展[M]. 上海：华东师范大学出版社，2014.

[60] 黄甫全. 新课程中的教师角色与教师培训[M]. 北京：人民教育出版社，2003.

[61] 唐玉光. 教师专业发展的研究[J]. 外国教育资料，1999，(6)：39-43.

[62] 陈向明. 从教师"专业发展"到教师"专业学习"[J]. 教育发展研究，2013（8）：1-6.

[63] 郝敏宁. 影响教师专业发展的因素分析——兼论促进教师专业发展的策略[D]. 陕西师范大学，2007（6）：2-3.

[64] 饶见维. 教师专业发展——理论与实务[M]. 台北：五南图书出版社，1998.